# Venedig der Venezianer

## Eine unbekannte Bekannte in 81 Facetten

Die Deutsche Bibliothek verzeichnet diese Publikation in der Deutschen Nationalbibliografie; detaillierte bibliografische Daten sind im Internet über http://dnb.ddb.de abrufbar.

Dieses Werk ist in allen seinen Teilen urheberrechtlich geschützt. Jede Verwertung ist ohne Zustimmung des Verlages unzulässig. Dies gilt insbesondere für Vervielfältigungen, Übersetzungen, Mikroverfilmungen und die Einspeicherung und Verarbeitung durch elektronische Systeme.

Der Dank gilt der Direktion des Museo Storico Navale Militare Italiana für die Erlaubnis zu fotografieren und die Bilder auf S. 74, 172 und 173 zu veröffentlichen.

Umschlagbild: La Serenissima

Venedig der Venezianer – Eine unbekannte Bekannte in 81 Facetten
© Dr. Peter Morsbach Verlag, Regensburg 2014
Konzeption: Sieglinde Köhle
Texte: Sieglinde Köhle
Fotos: Sieglinde Köhle, außer Seite 128, 129 und 182: Marco Contessa, Venedig
Bildredaktion: Sieglinde Köhle, Gerald Richter
Lektorat: Franziska Gürtler
Umschlag: Dr. Peter Morsbach Verlag
Gestaltung und Satz: Dr. Peter Morsbach Verlag
Schrifttype: Bauer Bodoni (ital. Typograf 18./19. Jahrhundert)
Druck: Erhardi Druck GmbH, Regensburg

ISBN: 978-3-937527-67-3

Sieglinde Köhle

# Venedig der Venezianer

## Eine unbekannte Bekannte in 81 Facetten

Dr. Peter Morsbach Verlag

*Für Klaus und Gerdi und Klaus*

Besuch in der Lagunenstadt
zur ruhigen Jahreszeit

# Inhaltsverzeichnis

| | | | | | |
|---|---|---|---|---|---|
| 1 | Einwohnerzahl | 8 | 30 | Antiquitäten | 72 |
| 2 | Hausnummern | 10 | 31 | Gold | 74 |
| 3 | Kinder | 12 | 32 | Stoffe | 78 |
| 4 | Heirat | 16 | 33 | Mode | 80 |
| 5 | Ortsbezeichnungen | 20 | 34 | Handel | 82 |
| 6 | Zeitung | 24 | 35 | Marco Polo | 85 |
| 7 | Zwieback | 26 | 36 | Geschlossen | 86 |
| 8 | Senioren | 27 | 37 | Bücher | 88 |
| 9 | Glocken | 28 | 38 | Examen | 92 |
| 10 | Pozzi | 30 | 39 | Rudermacher | 94 |
| 11 | Stadtbrunnen | 32 | 40 | Livio De Marchi | 95 |
| 12 | Uhren | 34 | 41 | Pause | 96 |
| 13 | Traghetto | 36 | 42 | Giustina Rosso | 98 |
| 14 | Polizei | 38 | 43 | Alte Frau | 99 |
| 15 | Verkehrsschilder | 40 | 44 | Schuhmacher | 100 |
| 16 | Müll | 42 | 45 | Roter Stein | 101 |
| 17 | Krisen | 44 | 46 | Drehtür der Unschuldigen | 102 |
| 18 | Erschreckend | 48 | 47 | Das rote Herz | 103 |
| 19 | Come sta? | 50 | 48 | Carlo Goldoni | 104 |
| 20 | Wundermittel | 54 | 49 | Caffè al Ponte del Lovo | 107 |
| 21 | Krankenhaus | 56 | 50 | Rosa Salva | 108 |
| 22 | Donald | 58 | 51 | Caffè Florian | 110 |
| 23 | Der Bucklige | 59 | 52 | Ombra e Cicheti | 112 |
| 24 | Fußabdrücke | 60 | 53 | Harry's Bar | 114 |
| 25 | Bocca di Leone | 61 | 54 | Ein Lächeln | 115 |
| 26 | Papier | 62 | 55 | Buon appetito | 116 |
| 27 | Glas | 64 | 56 | Sarde in Saor | 119 |
| 28 | Glasperlen | 68 | 57 | Gemüsewagen | 120 |
| 29 | Spiegelungen | 70 | 58 | Gut sortiert | 124 |

| | | | | | |
|---|---|---|---|---|---|
| 59 | Blumenhändler | 125 | 71 | Teatro La Fenice | 160 |
| 60 | Winterwetter | 126 | 72 | Komponisten | 162 |
| 61 | Hochwasser | 130 | 73 | Festtag | 165 |
| 62 | Winterarbeiten | 136 | 74 | Marienverehrung | 166 |
| 63 | Hunde | 140 | 75 | In Seenot | 172 |
| 64 | Katzen | 146 | 76 | Armut | 174 |
| 65 | Tauben | 150 | 77 | Engel | 176 |
| 66 | Vögel | 151 | 78 | Weihnachten | 178 |
| 67 | Gärten | 152 | 79 | Karneval | 182 |
| 68 | Bäume | 156 | 80 | Lepanto | 186 |
| 69 | Lieder | 158 | 81 | Fremdherrschaft | 188 |
| 70 | Straßenmusik | 159 | | Verwendete Literatur | 192 |

# 1

# Einwohnerzahl

Vor dem Schaufenster der Apotheke Morelli am Campo S. Bartolomeo kann man sich über den jeweiligen Einwohnerstand Venedigs informieren. Ein tagsüber ständig durchlaufendes Schriftband gibt davon Kenntnis, wie kontinuierlich die Einwohnerzahl in der Stadt zurückgeht. Im März 2013 waren nur noch 58.187 Bürger registriert. Man bedenke: Im Jahre 1951 zählte Venedig 174.808 Einwohner!

Die Politiker sind gefordert durch innovative Ideen – Bereitstellen von preiswerten Wohnungen, Förderung einheimischer Gewerbebetriebe – der Stadtflucht entgegenzuwirken.

Die Nachfolge ist gesichert!

# 2

# Hausnummern

Die Besetzung Venedigs durch die Österreicher im 19. Jahrhundert brachte in manchen Bereichen durchaus auch fortschrittliche Veränderungen mit sich. Auf vielen Gebieten der städtischen Verwaltung wurden neue, vorteilhafte Regelungen eingeführt. Hilfreich war etwa, die seit dem 12. Jahrhundert bestehende Nummerierung der Häuser zu erneuern und zu ergänzen; mit roter Farbe auf weißem Untergrund wurden die Eingänge systematisch nummeriert, in jedem der sechs Stadtteile eigenständig. Postalisch gilt bis heute die Kombination Stadtteil und Hausnummer, Straßenbezeichnungen entfallen im Allgemeinen.

Hilfreich beim Suchen von Hausnummern ist der Briefträger oder – zum Nachlesen – der Indice Anagrafico.

Gute und schlechte Nachrichten im Zustellwagen des Briefträgers

# 3

# Kinder

Kind sein in Venedig hat eine ganz besondere Qualität, gibt es doch wesentliche Unterschiede im Vergleich zum Leben in anderen Städten. Bereits im Säuglingsalter können die Babys nicht ruhig im Kinderwagen ausgefahren werden, mühselig ziehen die Mütter ihre Buggys die Brücken hinauf und hoppeln auf der anderen Seite Stufe für Stufe wieder hinunter – ein Stress, besonders für die Neugeborenen. Darüber hinaus denkt man natürlich auch an die Gefahren des Wassers; auf Schritt und Tritt müssen die Eltern wachsam sein. Gärten und Spielwiesen sind kaum vorhanden, Radfahren ist nicht möglich. Kleinere Kinder fahren mit Rollern zum Kindergarten, die Mütter oder Väter tragen die Fahrzeuge über die Brücken wieder nach Hause zurück.

Grundschulkinder werden im Allgemeinen von den Eltern zur Schule begleitet und nach dem Unterricht vor dem Schultor erwartet. Fußballspielen gelingt manchmal seitab auf kleinen Plätzen, wenn es am Abend ruhiger wird. Die Möglichkeit, intensiv Sport zu betreiben, bieten die Ruderclubs an. Die Kinder werden regelmäßig trainiert – Ziel ist natürlich die Teilnahme an Regatten.

# Kinder

Spielmöglichkeiten rund um den Campo S. Maria Formosa

# Kinder

# 4

# Heirat

Hochzeiten fanden einst im Januar statt. Zudem wird berichtet, dass nur an Sonntagen geheiratet werden sollte, nur dieser Tag versprach den jungen Paaren eine glückliche Zukunft. Eine Heirat ohne Mitgift der Frau war in früheren Zeiten undenkbar, in einfachen wie in adeligen Kreisen. Die venezianische Ehefrau jedoch blieb Mitglied ihrer Herkunftsfamilie. Der großen, feierlichen Trauungszeremonie in der Kirche folgte ein großes Festmahl. Hochzeitsrituale und allerlei Bräuche verschönerten einerseits die Feierlichkeiten, andererseits aber engten nachher extreme Vorschriften und Bestimmungen das Leben der Verheirateten ein.

Heute sieht das anders aus. Eine Hochzeit auf der Insel S. Giorgio realisiert alle romantischen Vorstellungen.

Eine Braut-Geschichte aus der Stadtchronik:
Im zehnten Jahrhundert hatte die Stadt jährlich zwölf armen Mädchen die Aussteuer gestiftet. Eine Piratenbande aus Istrien raubte einmal diese jungen Frauen mit ihrer Aussteuer und floh übers Meer. Der Doge und viele mutige Helfer holten die Räuber in Caorle ein und retteten die Mädchen und die Beute. Zwölf schön geschmückte venezianische Mädchen, die „Do' Marie" (do = dodici – zwölf) durften symbolisch Jahr für Jahr am Festzug des Dogen teilnehmen und wurden von reichen Familien beschenkt. Wegen des übertrieben luxuriösen Aufwandes wurde die Zahl der Marien amtlicherseits reduziert, später wurden die Bräute trotz des Protestes in der Bevölkerung durch Holzfiguren ersetzt. Der Krieg gegen Chioggia im Jahr 1379 setzte dieser Tradition dann ein Ende. Der Volksmund bezeichnete künftig besonders dünne und langweilige Mädchen als „hölzerne Marien".

Die Osteria „Ale do' Marie" in Castello erinnert noch heute an die Geschichte, neuerdings wurde eine entsprechende Zeremonie im Karneval aufgenommen.

# Heirat

Die Osteria erinnert an die Geschichte der zwölf Marien.

# Heirat

Dessert eines Hochzeitsmahls in der Trattoria La Zucca

# Ortsbezeichnungen

| | |
|---|---|
| Sestiere | Stadtteil (insgesamt sechs Stadtteile: Cannaregio, S. Marco, Castello, S. Croce, S. Polo, Dorsoduro) |
| Parrocchia | Pfarrei |
| Salizada | Hauptstraße, bereits seit dem 13. Jahrhundert gepflastert |
| Calle (Cale) | Gasse |
| Callesela | sehr enges Gässchen; engste Gasse 58 cm breit in Dorsoduro: Calesela de „L'Occhiogrosso" |
| Calletta (Caleta) | kleine Gasse |
| Lista | Wegstück zu offiziellen Gebäuden und Palästen mit Immunität |
| Riva | Uferstraße längs der Kanäle |
| Ruga (franz. rue) | Seitengasse, Einkaufsgasse |
| Ramo | Sackgasse, kurze Seitengasse |
| Rio | Kanal |
| Rielo | Gasse zum Rio |
| Rio terrà | zugeschütteter ehemaliger Kanal, Straße |
| Merceria / Frezzeria | Geschäftsstraße |

Selten so leer: Salizada San Lio an einem Dezemberabend um 22 Uhr

# Ortsbezeichnungen

Richtungshinweis als Straßenschild: Die Straße führt zur Ponte dei Scudi.

Ungewöhnlich: drei verschiedene Ortsangaben auf einem Schild

# Ortsbezeichnungen

| | |
|---|---|
| Via | Straße |
| | nur: Via Garibaldi, Via Vittorio Emanuele, Via 25. April |
| Strada | einzige Strada: Strada Nova |
| Fondamenta | Befestigter Uferweg, Kai |
| Piazza | Markusplatz, ausschließlich |
| Piazzetta | Platz zwischen Markusplatz und Ufer |
| Piazzale | Großer Platz, nur Piazzale Roma |
| Campo | Platz, meist mit Kirche; früher Wiese, Teilstück Friedhof |
| Campiello | kleiner Platz |
| Campazzo | größerer Platz |
| Corte | Hof – öffentlich oder privat |
| Cortile | kleiner Hof |
| Sottoportego / Sottoportigo | Öffentlicher Durchgang, Passage durch ein Gebäude |
| Ponte | Brücke (ca. 400 Brücken) |

Anmerkung zur Brücke Ponte Cavallo (Pferdebrücke):

Im mittelalterlichen Venedig waren die Brücken ebene, stufenlose Holzkonstruktionen, auf denen auch Reiter und Pferdekutschen die Kanäle überqueren konnten.

# Zeitung

Schon seit dem Mittelalter ist Venedig nicht nur der Umschlagplatz von Waren aller Art, sondern auch von Nachrichten und Neuigkeiten. Handelsleute und Besucher aus allen Teilen der damals bekannten Welt hatten Neues und Interessantes zu berichten. Besonders staunenswert sind beispielsweise die Reiseerzählungen von Marco Polo. Heute übernehmen diese Aufgabe die gedruckten Nachrichtenblätter. „Venezia Nuova" und „Il Gazzettino" versorgen die Bürger mit Informationen aus Venedig, die nationale und internationale Presse ergänzt die Berichterstattungen.

Oft ist heute ein Zeitungskiosk der Mittelpunkt vieler Plätze. Der Venezianer liebt seine tägliche Zeitung.

Schon sehr früh am Morgen öffnet die Inhaberin ihren Kiosk am Campo S. Maria Formosa. Immer dabei ist ihr treuer Hund Vlad. Gemeinsam begrüßen sie ihre Kunden, die es oft sehr eilig haben.

# Zwieback

Die große Schiffswerft im Arsenale erweiterte sich über die Jahrhunderte ständig. Im 15. Jahrhundert waren allein 16.000 Zimmerleute hier tätig. Gleichzeitig entstanden große Kornspeicher und Bäckereien, die den beliebten und im ganzen Mittelmeer verbreiteten Schiffszwieback herstellten. Angeblich waren auch deutsche Bäcker nach Venedig gekommen, um bei der Herstellung dieses Militärgebäcks mitzuhelfen.

Im 19. Jahrhundert fand man Reste des Zwiebacks aus dem 17. Jahrhundert, tatsächlich waren sie noch unverdorben. Man vermutet, dass die Backwaren nur durch einen besonderen Zusatz frei geblieben waren von Ungeziefer. Vom Gebäude der Großbäckerei ist heute nur noch diese hübsche Fassade in der Riva San Biagio erhalten.

# 8

# Senioren

Viele Einwohner der Stadt sind betagt. Sie haben hier gute und schlechte Tage erlebt und können interessante Geschichten erzählen. Nicht wenige hatten als Seeleute oder Fischer, auch als Gondolieri, mit Meer und Wasser beruflich zu tun. Sie haben den gewaltigen Wandel ihrer Stadt miterlebt.

Ihre Wohnungen sind innen meist schöner und auch eleganter als man aufgrund der Fassaden erwartet. Je nach Vermögen werden Stilmöbel und Antiquitäten bevorzugt. Sorgen bereiten den älter werdenden Venezianern die steigenden Mietpreise. Problematisch ist dabei, dass oftmals die Kinder und Enkel aufs Festland wegziehen. In einem Wohnheim für ältere Menschen in der Stadt Platz zu finden, ist reichlich schwierig.

Ein neuzeitliches, schönes Haus für Senioren steht unweit der früheren Schiffszwiebackfabrik des Arsenals. Vor Jahrhunderten war hier eines der „Case di Dio" (Häuser Gottes); sie dienten Pilgern als Unterkunft.

# 9

# Glocken

Ein besonders schönes Erlebnis ist der Klang einer großen Glocke um Mitternacht. Die dunklen Töne dringen vom Campanile San Marco über die Stadt, beenden den vergangenen Tag und eröffnen den neuen. Die große alte „Marangona" rief einst die Handwerker zur Arbeit, die heutige Glocke ist neueren Datums. Gerade in der Weihnachtszeit vermittelt sie festliche, feierliche und auch nachdenkliche Stimmung, wann immer sie läutet. In früheren Zeiten hatten auch noch andere Glocken ihre öffentlichen „Aufgaben" und ihre Symbolik. Die „Trottiera" und die „Mezza Terza" kündigten verschiedene Sitzungen im Palast an, mittags um zwölf Uhr läutete die „Nona" und das kleine Armesünderglöcklein „Renghiera" (auch „Maleficio") gab die Hinrichtung eines Verurteilten bekannt. Bedauerlicherweise zerbrachen beim Einsturz des Campanile im Jahre 1902 fast alle Glocken; die bronzenen Bruchstücke jedoch lieferten das Material für den Guss der neuen. Der Glöckner von S. Marco hatte ein sehr ehrenvolles Amt inne; er wurde vom Rat gewählt, musste mindestens 25 Jahre lang die Bürgerrechte besitzen und war verpflichtet zu gewissenhafter Arbeit.

Glocken sind im Allgemeinen in Türmen verborgen. Zu den wenigen Ausnahmen gehören jene im Glockenstuhl neben der Kirche SS. Giovanni e Paolo – sie erfreuen ganz besonders dann, wenn sie in Bewegung sind. Eine nach Venedig transportierte und im Hof des Patriarchats (Calle Albanesi) ausgestellte Glocke zeigt ihre Zeichen und Verzierungen ganz aus der Nähe.

In einem Innenhof in der Calle degli Albanesi

10

# Pozzi

Auf allen Plätzen und in allen Innenhöfen finden sich größere und kleinere, in der Form sehr ähnliche Brunnen aus Stein, oft reich verziert mit allerlei symbolischen Reliefs. Pozzi heißen diese Brunnen. Wie kostbar das „Acqua fresca", das Trinkwasser, in einer von Salzwasser umgebenen Stadt ist, verdeutlichen Berichte und Beschreibungen aus verschiedenen Jahrhunderten. Entsprechend wichtig war das Gewerbe des Brunnenbaus. Regenwasser wurde auf unterschiedliche Weise aufgefangen, es lief durch Dachrinnen und Fallrohre in Zisternen und sickerte dort durch Schichten von Flusskies und Sand in die Tiefe. Auf diese Weise gesammelt, gefiltert und gereinigt stand das Wasser der Bevölkerung zur Verfügung. Wasserträgerinnen aus dem Friaul boten das Trinkwasser in Kupferkannen zum Verkauf an. Wasser war dem Venezianer geradezu heilig.

Besonders wichtig war auch, dass auf keinen Fall salzhaltiges Lagunenwasser in die Trinkwasserbrunnen gelangen durfte. Bei Hochwassergefahr wurden die Löcher im Bodenpflaster mit Tonklumpen abgedichtet. Ein Gesetz von 1536 verbot manchen Gewerbetreibenden, sich durch Nutzung des Wassers aus diesen Brunnen Vorteile zu verschaffen. Färber, Kürschner, Friseure, Seifensieder oder Wurstmacher durften für berufliche Zwecke kein Wasser aus den Brunnen entnehmen.

Für Zeiten großer Wassernot wurde Wasser aus der Brenta in großen Speicherbecken gesammelt oder in die Brunnen gefüllt.

Noch im 19. Jahrhundert waren 6.782 Brunnen in Betrieb. Erst durch den Bau einer Wasserleitung im Jahre 1857 via Eisenbahnbrücke über ca. dreieinhalb Kilometer Länge verminderte sich die Abhängigkeit von den Brunnen allmählich.

Brunnen im
Corte Nuova

# 11

# Stadtbrunnen

Neuzeitlichere Brunnen aus Eisen gibt es heute noch an einigen Stellen in der Stadt. Hier fließt unaufhörlich frisches Wasser aus den Mäulern von künstlerisch gestalteten Tierköpfen. Passanten waschen hier ihre Hände, ihre Stiefel oder das soeben gekaufte Obst. Hunde, Tauben und Möwen genießen eine Erfrischung zu jeder Tageszeit. Vorsicht, bei Frost Rutschgefahr um den Brunnen herum!

# Uhren

Am Campo S. Maria Formosa fällt an der Hausecke über der Bar eine alte Uhr auf, die exakt funktioniert. Ähnliche Uhren entdeckt man auch in anderen Stadtteilen. Angelo Minich, Chirurg in Padua und Venedig, vermachte den Venezianern in seinem Testament von 1889 die Summe von 30.000 Lire; damit wollte er überall in der Stadt elektrische Uhren anbringen lassen und auch für deren Unterhalt sorgen. Seine gute Absicht war, den Bürgern nicht nur hilfreich zu sein, sondern sie auch zur Pünktlichkeit zu erziehen. Kennzeichen von Minichs Uhren sind das weiße Ziffernblatt, die römischen Ziffern und das Gehäuse aus Gusseisen.

# Traghetto

Unter all den Fahrmöglichkeiten auf den Kanälen – Vaporetto, Gondel, Wassertaxi, Transportschiffe – gibt es auch das Traghetto. Mit dieser speziellen Gondelfähre befördern zwei professionelle Gondolieri bis zu 14 Fahrgäste quer über den Canal Grande. Die Fahrt ist manchmal etwas wackelig, aber man erspart sich viel Zeit und die Fahrpreise sind sehr günstig. Zusteigemöglichkeiten gibt es an sieben Anlegestellen, allerdings nicht immer ganztägig.

Nur eine Gondoliera gibt es, Giorgia; natürlich ist sie die Tochter eines Gondoliere, der eine der kostbaren, vererbbaren Lizenzen besitzt. Als einzige Frau hat sie all die schwierigen Prüfungen erfolgreich bestanden.

Abfahrt von der Haltestelle S. Tomà

# 14 Polizei

Kommissar Brunetti ist dem deutschen Fernsehzuschauer aus zahlreichen Verfilmungen durchaus bekannt. Die Autorin der beliebten Kriminalromane, Donna Leon, kann man durch Zufall in der Stadt treffen, etwa im Café Rosa Salva.

Im realen Stadtbild sieht man Polizei recht selten. Beamte und Beamtinnen verlassen ihr Revier am Campo San Zaccaria und patrouillieren durch die Gassen. Ab und zu sieht oder hört man auch Polizeiboote auf den Kanälen. Natürlich gibt es Einsätze wie andernorts auch, doch im Allgemeinen gilt Venedig als sichere Stadt, wenn man von manchem Taschendiebstahl absieht. Die Möglichkeiten für Täter, schnell von der Insel zu entkommen, sind eingeschränkt, liegt doch nicht immer gleich ein Fluchtschiff bereit!

Das Gefängnis „I Carceri" in Venedig liegt im Norden der Stadt und wird streng bewacht von bewaffneten Carabinieri. Es ist anzunehmen, dass sich der Aufenthalt der Gefangenen dort weitaus menschenwürdiger gestaltet als in den Zeiten der Dogenherrschaft; eine schlimmere Haft als in den „Pozzi" (Kellerzellen) und „Piombi" (Bleikammern) jenseits der Seufzerbrücke ist kaum vorstellbar.

# 15

# Verkehrsschilder

Im Allgemeinen sind für den Betrachter die Regeln des „Zusammenlebens" der Schiffe auf den vielfältigen Wasserwegen schwer erkennbar; irgendwie klappt es schon, denkt man. Die wesentliche Verständigung in den engen Kanälen erfolgt durch Zurufe. An ganz wenigen Stellen kann man Verkehrsschilder für Gondeln entdecken.

Doch ist nicht zu übersehen: In einigen Kanälen, vor allem dem Canal Grande, herrscht zu manchen Stunden ein Verkehrschaos; Vaporetti, Motorboote und Gondeln führen nur mühsam ein gefährliches Miteinander. Präzisere Regelungen sind dringend erforderlich.

# Müll

Die städtische Müllbeseitigung in einer Stadt, die nicht mit Müllautos zu erreichen ist, funktioniert in Venedig recht gut. Es gibt keine herkömmlichen Mülltonnen, man stellt den Abfall aus den einzelnen Häusern, in Plastiksäcke abgefüllt, vor den Haustüren, in Nischen oder an Eingängen ab. Manchmal sieht man eine elegantere Vorrichtung neben der Haustür; die Säckchen warten, an Haken hängend, auf die Abholung. Diese Idee dient weniger der Optik als vielmehr der Hygiene: Katzen, Tauben und andere Tiere können die Säcke nicht so leicht aufreißen. Auf großen Karren wird der Müll gesammelt, zu den Kanälen geschoben und dort mit entsprechenden Kränen in große Sammelboote gekippt. Auf der Insel Sacca San Biagio wird er nochmals umgeladen und dann zusammen mit dem Müll vom Festland in der Verbrennungsanlage beim Hafen entsorgt. Mit der Mülltrennung funktioniert es in der Stadt nur bedingt, dafür arbeiten die Straßenkehrer im Allgemeinen umso zuverlässiger.

42 | 43

# 17 Krisen

Lebhaft diskutieren Venezianer, wo immer sie sich treffen, über allerlei Probleme. Es geht um die politische Dauerkrise in Italien, um Ereignisse in der Welt und in ihrer Stadt.

Für Aufregung sorgt der Verkauf des riesigen Palastes „Fondaco dei Tedeschi" neben der Rialto-Brücke. Das Gebäude war einst Handelshaus der Deutschen, später dann, im 20. Jahrhundert, das zentrale Postamt der Stadt. Der Konzern Benetton ist nun der neue Eigentümer. Zur Zeit entsteht ein gewaltiges Kaufhaus; das geplante Dachcafé hat der Denkmalschutz nicht genehmigt.

„Moto ondoso", erhöhter Wellengang und verstärkter Wasserdruck, ausgelöst durch die stetig steigende Zahl der Motorschiffe, Fähren und Reisemonster, gefährden die Uferbefestigungen und die Fundamente der Paläste in bedrohlicher Weise. An Wochenenden gehen nicht selten über zwanzig Kreuzfahrtschiffe in Venedig vor Anker; im Jahr bringen sie über 1,6 Millionen Passagiere in die Stadt, die dort jedoch nur wenig Geld ausgeben. Stattdessen hinterlassen die Schiffe giftige Chemikalien, Elektrosmog und Feinstaub – etwa 500 Tonnen pro Jahr. Das Komitee „NO GRANDE NAVI" organisiert regelmäßig Protestaktionen, die

David gegen Goliath: Umweltschützer wollen Ozeanriesen stoppen.

# Krisen

Demonstration gegen Kreuzfahrtschiffe in der Stadt

Unterschriftensammlung für ein Volksbegehren

# Krisen

rührend, aber bisher wirkungslos sind. Die Stadtverwaltung verweist lediglich auf die wirtschaftliche Notwendigkeit der Einnahmen.

Ein anderes brisantes Thema: Viele Venezianer kämpfen in Unterschriftaktionen für die Aufhebung der politischen Einheit Venedig – Mestre – Maghera. Eine eigenständige Verwaltung würde der Stadt Venedig bei der Lösung ihrer spezifischen Probleme sehr helfen.

Campanile
S. Maria Formosa

# Erschreckend

Auf der Rückseite des Kirchturmes von Santa Maria Formosa hängt über der Tür zum Turm dieses missgestaltete Gesicht irgendeiner Person. Ob es sich hierbei um das verzerrte Abbild eines Zeitgenossen aus der Renaissance handelt, ist nicht erwiesen. Es gibt jedoch eine Deutung: Der Teufel soll abgeschreckt werden, um nicht in den Turm aufzufahren. Ein anderer Gedanke: Das Böse muss aus der Kirche draußen bleiben.

Ähnlich erschreckend ist für den Venezianer von heute der Anblick solcher Schiffsmonster.

# Come sta?

Wie geht's? Die Freude am Austausch von Neuigkeiten war zu allen Zeiten charakteristisch für die Venezianer – etwas despektierlich könnte man sagen: Neugierde war groß geschrieben, und zwar in allen Schichten der Bevölkerung. Der bescheidenste und alltäglichste Ort für Erzählen und Zuhören war einstmals der Brunnen. Hier konnte man sich nicht nur mit Trinkwasser versorgen, sondern alles Wichtige und weniger Wichtige austauschen und bereden. Gesprächsstoff gibt es auch heute genug. Man trifft sich auf der Straße, auf der Brücke, in der Bar oder im Café. Themen sind, wie überall, häusliche Vorhaben, Familie, Kinder, Nachbarn, Feste, neue Kochrezepte – kurz gesagt, man spricht über Freuden und Sorgen des Alltags. Dadurch, dass die Leute fast ausschließlich zu Fuß gehen, begegnen sie sich regelmäßig persönlich. Autolärm stört die Gespräche nicht.

Könnte man den Venezianern zuhören, würde man wenig verstehen. Sie sprechen nach wie vor untereinander in ihrem eigenen Dialekt. Dieser hat eine lange, auch literarische Tradition und wird gegenwärtig wieder sehr gepflegt.

# Come sta?

# Come sta?

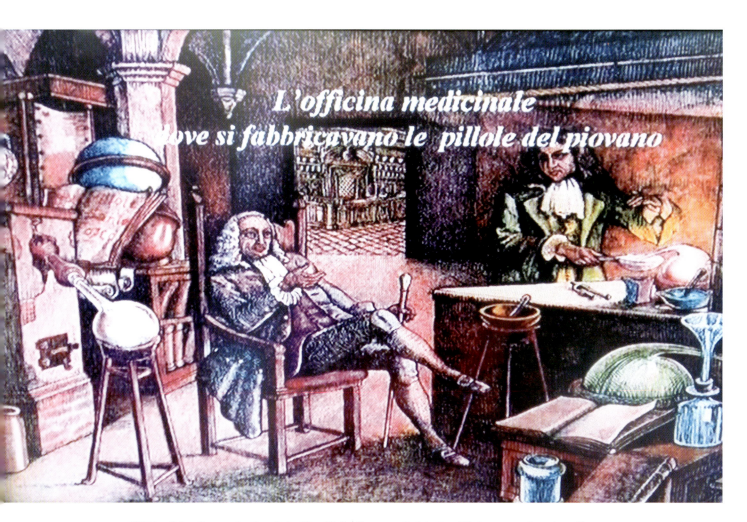

Bild im Schaufenster der Apotheke Morelli: In dieser medizinischen Werkstatt wurden einst die Pillen hergestellt.

# Wundermittel

In der Blütezeit Venedigs gab es neunzig Apotheken, die staatlicherseits regelmäßig kontrolliert wurden. Etwa vierzig davon hatten das Privileg, die weltberühmt gewordene Arznei „Theriak" nach dem Geheimrezept des griechischen Arztes Andromachos herzustellen und zu verkaufen. Theriak galt als Allheilmittel gegen beinahe jede Krankheit und auch als Verjüngungsmittel. Die Herstellung in Mörsern – auf dem Campo S. Stefano sind die Abdrücke der Gefäße auf dem Boden noch zu sehen – war öffentlich, die Mischung der Zutaten wurde von interessierten Bürgern und von der amtlichen Behörde überwacht. Unter den 46 Hauptbestandteilen des Medikaments waren u.a. Vipernpulver, Opium, Weinstein, Hirschhodenpulver, Horn vom Einhorn, Kräuter und Gewürze. Die Zubereitung fand in der Regel einmal im Jahr am Frühlingsende, der Zeit der Vipernjagd, statt. Die alte Barockeinrichtung der Apotheke „All'Ercole d'Oro" in der Strada Nova 2233 kann heute noch besichtigt werden. Dort trafen sich damals auch regelmäßig Gelehrte, Geistliche und Wissenschaftler zu klugen Gesprächen.

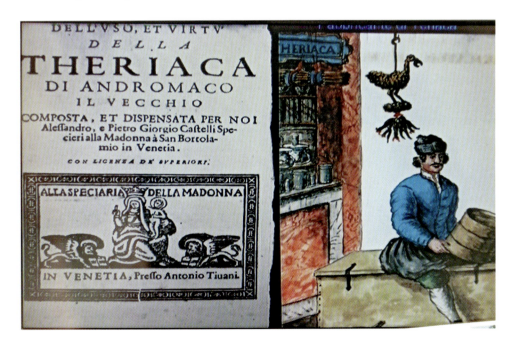

# 21

# Krankenhaus

Das zentrale Krankenhaus der Stadt steht dort, wo der Reiter Bartolomeo Colleoni auf den Platz SS. Giovanni e Paolo herunterschaut. Das Gebäude war seit 1437 Sitz der Scuola Grande di S. Marco (Laienbruderschaft), wurde durch Feuer zerstört und wieder aufgebaut. Napoleon löste 1797 alle Bruderschaften auf und richtete dort ein Militärkrankenhaus ein. Seit 1819 befindet sich in diesem Gebäude das städtische Krankenhaus Venedigs.

Im 17./18. Jahrhundert waren eine Reihe von Ospedali entstanden; das waren zugleich Waisen- und Krankenhäuser und Musikkonservatorien. Das Anliegen war, dass die Kranken durch die Musik auch psychisch unterstützt werden sollten.

Im Schaufenster der Apotheke am Campo S. Bartolomeo entdeckt man ein Protestplakat gegen die Verlegung dieses Krankenhauses nach Mestre. Die Bürger kämpfen um die Erhaltung der städtischen Klinik – etwa 40 Vereine wollen das Krankenhaus retten. Zu all den Nachteilen, die eine Verlegung des Hospitals mit sich brächte, käme hinzu, dass sich die Zahl der „echten", also in der Stadt geborenen Venezianer wesentlich verringern würde.

Der Platz vor dem Krankenhaus dient gelegentlich der Wahlpropaganda.

# Donald

An der Ponte San Crisostomo überrascht Donald Duck, der aus dem Fenster eines Eckhauses auf den kleinen Platz herunterschaut. Er ist zusammengebaut aus lauter Lego-Steinen und soll an den einstigen stadtbekannten Spielwarenladen an dieser Stelle erinnern. Die Brücke wird von den Venezianern auch „Ponte del giocatolo" – Brücke des Spielzeugs – genannt.

# Der Bucklige

Gobbo di Rialto – der Bucklige von Rialto – heißt diese Figur, aufgestellt im Jahre 1541, am Platz vor dem Eingang zur Kirche San Giacomo di Rialto (San Giacometto – älteste Kirche Venedigs). An dieser Stelle endete für manchen Übeltäter eine qualvolle Strafe: Er musste nackt vom Markusplatz zum Rialto laufen und auf diesem Weg viele Rutenschläge über sich ergehen lassen. Sollte hier der Mensch unter der Last der Gesetze dargestellt werden?

Neben dem Gobbo steht ein Teil einer alten Säule; hier wurden in früheren Zeiten Gesetze und Verordnungen verlesen. Gegen eine „Gazzetta", damals eine Geldmünze, konnte man sich an diesem Platz über neueste Nachrichten unterrichten lassen. „Gazzetta" wurde später zum allgemeinen Begriff für „Zeitung".

# Fußabdrücke

In einzelnen Stadtteilen gibt es Brücken, auf denen in den vier Ecken des Pflasterbodens Fußabdrücke aus Marmorgestein eingelassen sind. Sie sind noch gut zu sehen auf der Ponte Santa Fosca und der Ponte dei Pugni, der Brücke der Fausthiebe. Die steinernen Fußsohlen bezeichneten die Startpunkte der Kämpfe, die Kampfregeln folgten bestimmten Ritualen. Die Castellani (Bewohner von Castello) mit roter Fahne, roter Mütze und rotem Schal lieferten sich heftige Faust- und Ringkämpfe mit den Nicolotti (Bewohner von Dorsoduro) in schwarzer „Fan-Kleidung". Die Kämpfer mussten den Platz auf der Brücke erobern, erlaubt waren Fausthiebe und Fußtritte; Stockschläge wurden verboten. Ein Schiedsrichter überwachte die Einhaltung der Regeln. Die Partei, die zuerst ihre Fahne am höchsten Punkt der Brücke montiert hatte, war Sieger. Man kann sich vorstellen, wie viele Kämpfer von den schmalen, geländerlosen Brücken in die Kanäle fielen! Kämpfe dieser Art wurden später, zu Beginn des 18. Jahrhunderts, verboten.

# 25

# Bocca di Leone

Eine typische Einrichtung waren die in der Wand eingemauerten Beschwerde-Briefkästen, meist in Form eines Löwenkopfes als Symbol der Republik, „Bocca di Leone" genannt. Durch das geöffnete Maul konnte man hier schriftlich abgefasste Anzeigen und Beschwerden an die Staatsverwaltung einwerfen. Die Geheimhaltung der Inhalte wurde garantiert, anonyme Anzeigen wurden vernichtet, mit Ausnahme der Meldungen, die die Sicherheit des Staates betrafen. Die Schlüssel für die Postkästen lagen bei den zuständigen Behörden. Nicht selten jedoch wurde die Möglichkeit der freien Meinungsäußerung zu Zwecken der Denunziation missbraucht. Ab 1539 entschieden die gefürchteten Staatsinquisitoren über den Wahrheitsgehalt der Anschuldigungen, Verurteilte kamen in das Gefängnis der Bleikammern (Piombi). Eine Bocca di Leone findet man im Dogenpalast, neben der Chiesa dei Gesuiti (Zattere), an der Kirchenwand von S. Martino, aber auch an anderen Orten der Stadt.

# Papier

Auch die Herstellung von Papier, die in Venedig noch in einigen Läden in Form von hübschen Produkten gezeigt wird, beruht auf echter Handwerkskunst. Fein gebundene Hefte, Schachteln, Mappen, Karten, Lampenschirme und moderne Schmuckstücke aus handgeschöpftem Papier machen den Betrachter neugierig. Die Kunst des Papierschöpfens ist nahezu verloren gegangen, nur noch wenige Handwerker verstehen sich darauf, wie man manuell Papier kreieren kann durch Zerkleinerung von verschiedenen Materialien (Leinen, Baumwolle, Hanf, Papyrus, Gras), die dann mit Wasser zu Brei gerührt, gepresst und getrocknet werden. Ein eventuelles Bedrucken oder Marmorieren geschieht meist mit Pflanzenfarben. Edles Papier vermittelt ein gehobenes Bewusstsein von Handwerk und Qualität.

Eine Glaskugel entsteht in einer Werkstatt in der Salizada S. Samuele.

# Glas

Der Gedanke an Venedig verbindet sich sofort mit der Vorstellung von Glas, Glasbläsern, Glasvasen, Glaslüstern, Glastierchen, Glasfrüchten, Glasschmuck. Die Herstellung von Glas macht Venedig berühmt seit vielen Jahrhunderten. Historische Dokumente berichten von Glasfunden in dieser Gegend schon aus der Römerzeit und von einem Schmelzofen, der im 7./8. Jahrhundert auf Torcello entdeckt wurde. Möglicherweise erlangten die Venezianer ihre handwerklichen Kenntnisse aus den Beziehungen zu Byzanz und anderen östlichen Ländern und sie entwickelten rasch erstaunliche Fähigkeiten im Umgang mit Quarzsand, Soda und anderen Grundstoffen zur Glasherstellung. Wegen der großen Gefahr von schnell ausbrechenden Bränden in der Stadt mussten alle Glasfabrikanten bereits im 13. Jahrhundert ihre Werkstätten auf die Insel Murano verlegen und sie durften diesen Ort auch nicht mehr verlassen. Zudem war es ihnen unter Androhung von Strafe untersagt, ihre Rezepturen zu verraten. Der Erfinder des „Crystallo" war Angelo Barovier; ihm gelang es erstmals in Europa, klares, durchsichtiges Glas herzustellen, und er erlangte damit Weltruhm. Die ständige Verfeinerung alter Techniken konnte man später in der 1860 gegründeten Glasfachschule lernen. Große Glasfirmen wie beispielsweise Venini, Seguso, Pauly

# Glas

Edles Glas in alten Mauern

# Glas

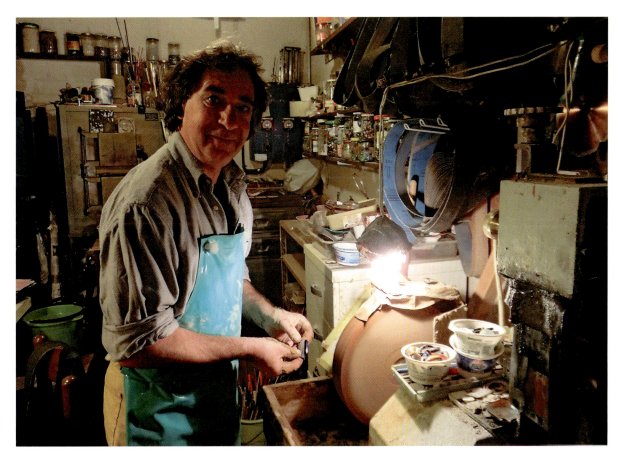

Pino poliert die Brosche.

oder Moretti arbeiten ständig weiter an neuen und modernen Entwürfen und sie versenden ihre Waren auch heute noch in alle Welt. Allerdings ist nicht zu überhören, dass der Absatz der kostbaren Artikel permanent sinkt.

Die Venezianer sind stolz auf ihre Kunstfertigkeit, Glas herzustellen. Weihnachtlicher Schmuck in den Schaufenstern wie Sterne, Kugeln, Engel und Tannenbäumchen stammen jedoch nicht immer aus heimischen Werkstätten; sie haben oft eine weite Reise aus Ostasien hinter sich.

# Glas

Pralinen nur zum Anschauen – gefertigt aus bunten Glasstäben

# Glasperlen

Die Glasperlen aus Venedig gelten als die bekanntesten und begehrtesten der Welt. Auch heute noch werden die hochwertigen Glasperlen über der offenen Gasflamme in Handarbeit gefertigt. Farbige Glasstäbe werden über der Lötlampe erhitzt und geschmolzen, über Metallstäbe gewickelt, im heißen Zustand mit Glasfäden oder farbigen Splittern verziert, dann abgekühlt und als sog. Wickelperlen abgeperlt. Bereits im 13. Jahrhundert stellten die „Margariteri" (Perlenmacher) die bunten Glasperlen als Imitate der echten Edelsteine her. In mühsamer Heimarbeit fädelten die „Impiraresse" besonders die kleinen feinen Perlen zu langen Ketten auf; diese wurden dann zu allerlei modischem Zierrat weiterverarbeitet. Heute gibt es nur noch wenige Läden, in denen man einzelne Perlen kaufen kann, um dann eine Kette nach eigenem Geschmack zu entwerfen. Die Perlenläden nahe dem Campo S. Giovanni Crisostomo und nahe dem Campo S. Angelo regen an zu individueller Kreativität.

# Spiegelungen

Wo viel Wasser ist, findet auch viel Spiegelung statt. Das stellt man in der Lagunenstadt sofort fest. Die Glasherstellung hat eine lange Tradition in Venedig, kein Wunder also, dass hier auch der Spiegel, in dem man sich prüfend, kritisch, wohlgefällig betrachtet, eine große Rolle spielt. Wahrscheinlich wurde er hier sogar erfunden. 1507 erlaubte der Magistrat den Inselbewohnern auf Murano die Herstellung von Spiegeln und vermutlich ist es kein Zufall, dass auf Gemälden von Giovanni Bellini und Tizian, später auch bei Pietro Longhi Damen mit Spiegeln erscheinen. Der Spiegel wurde zum absoluten Luxusgegenstand. Manchmal weiß man nicht, welches Venedig das schönere ist, das reale oder das gespiegelte.

Winterlicher Flohmarkt auf dem Campo S. Maria Formosa

# Antiquitäten

Dass sich auch in Venedig viele Dinge ansammeln, die keine Verwendung mehr finden, lässt sich denken. In Antiquitätenläden findet man durchaus hochwertige antike Gegenstände, in Trödelläden gibt es alles, was noch nützlich oder schmückend sein kann: altes Leinen, Kostüme, Masken, perlenbestickte Taschen, Glasvasen, Geschirr, Porzellanfiguren, Möbel, Lüster, Spiegel, Bilder, silberne Leuchter, Heiligenfiguren und Schmuck. Beliebt sind die Flohmärkte in der Vorweihnachtszeit. Das reichhaltige Angebot auf dem Campo S. Agnese (Nähe Zattere) oder auf dem Campo S. Maria Formosa ist eine Augenweide für alle, die sich erfreuen an nettem, auch kuriosem Krimskrams. Echte Schnäppchen entdeckt man eher selten, die Bedeutung von alter Ware wird oft als „echt antik" zu hoch eingeschätzt und die Preise scheinen daher manchmal ein wenig überhöht.

Staatsgaleere des Dogen, zu betrachten im Schifffahrtsmuseum

# Gold

**31**

Gold gilt seit jeher als Symbol für Reichtum. Reiche und weniger reiche Venezianer hatten großen Gefallen an allem, was golden glänzte und erst recht natürlich an dem, was aus purem Gold gearbeitet war. Künstler und Handwerker verwendeten reichlich Blattgold, Goldspäne, Goldfäden oder Goldstaub, Goldschmiede bevorzugten hochwertiges Feingold für ihre Schmuckstücke und Gefäße. Allein auf der jährlichen Messe aus Anlaß des Sensa-Festes zählte man in der Glanzzeit Venedigs 24 Stände der Gold- und Silberschmiede. Auch in der Architektur war Gold sehr beliebt. Kirchen und Paläste wurden mit Gold ausgestattet, wo immer es möglich war. Die Fassade des Patrizierhauses Ca' d'Oro am Canal Grande wurde im 15. Jahrhundert mit 22.075 Stück Blattgold überzogen als Ausdruck des unermesslichen Reichtums in der damaligen Zeit. Sehenswert sind die goldene Treppe in die oberen Amtsräume des Dogenpalastes, die reich verzierte „Scala d'Oro", und der berühmte Altaraufsatz, die „Pala d'Oro", in der Basilika S. Marco.

In der Kleidermode war es nur dem Dogen erlaubt, goldene Gewänder zu tragen, teuren Schmuck durfte er selbst jedoch nicht erwerben. Beim Besuch in der Pfarrei Santa Maria Formosa wurde dem Oberhaupt der Stadt ein vergoldeter Strohhut überreicht. Und natürlich glänzte auch die Staatsgaleere des Dogen, der 1727 erbaute und 1798 von Napoleon geraubte Bucintoro, über die Maßen.

Zwei überlieferte Geschichten muten besonders absurd an: In der gehobenen Gesellschaft des 15. Jahrhunderts drang das Blattgold bis in die Küche vor; diese Maßlosigkeit wurde allerdings im folgenden Jahrhundert verboten und die Köche mussten beim Wiener Schnitzel auf goldbestäubte Panade verzichten und wieder ausschließlich auf Brösel zurückgreifen. Von der reichen

# Gold

Feine Glaskugeln werden gerne mit Blattgold verziert.

Besonders originelle goldene Schuhe, gesehen im Schaufenster der bekannten Schuhmachermeisterin Giovanna Zanella

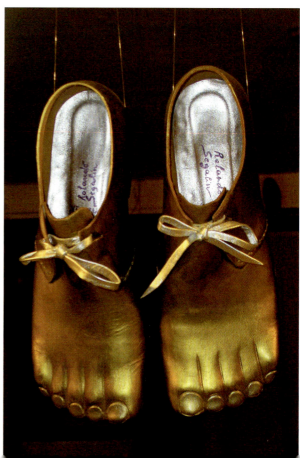

# Gold

Familie Labia, die aus Katalonien stammte und im 15. Jahrhundert nach Venedig kam, erzählten sich die Bürger folgende Mär: Bei großen Festen im Palast wurde das Essen auf goldenem Geschirr serviert. Um seinen Reichtum unter Beweis zu stellen, warf Labia seine Teller nach dem Mahl schwungvoll aus dem Fenster in den Kanal. Diese großartige Geste wurde jedoch durchschaut, er hatte Netze im Kanal spannen lassen.

Vergolder haben nach wie vor viel zu tun bei den zahlreichen Restaurierungsarbeiten in Kirchen und Palästen, die venezianische Goldschmiedearbeit jedoch hat heute nicht mehr die Bedeutung von einst. Schon aus Kostengründen haben mittlerweile Glasschmuck und allerlei Modeschmuck Vorrang.

Die Goldene Treppe im Hotel Danieli

Fortunys berühmte Stoffe

32

# Stoffe

Die Kunstfertigkeit einzelner Handwerker und der Trend zu immer mehr Reichtum und Noblesse vereinigten sich auch im Bereich des textilen Gewerbes. Immer begehrt waren die Stoffe, die an den großen Webstühlen der Stadt gefertigt wurden. Aus edelsten Materialien entstanden prachtvoller Damast, Samt, Satin und Brokat in leuchtenden Farben, hochwertiges Tuch und kunstvolle Wandteppiche; eingearbeitete Gold- und Silberfäden steigerten den Wert der Arbeiten.

Bei der Tuchmanufaktur „Bevilacqua", die als Familienbetrieb in vierter Generation arbeitet, sind noch zwanzig Webstühle in Betrieb. Sieben Weberinnen beherrschen das alte Handwerk perfekt, die Arbeit ist äußerst anstrengend. Mit den noch vorhandenen Lochkarten können alte Muster heute originalgetreu nachgewebt werden. Ein Meter exklusiver Stoff, für dessen Herstellung die Arbeiterinnen bis zu drei Tage benötigen, kostet etwa 2.500 Euro. Prominente Modedesigner, Innenarchitekten, Restauratoren und Ausstatter von Palästen und Schlössern sind interessierte Abnehmer.

Mariano Fortuny, begabter Sohn einer künstlerischen spanischen Familie, ließ sich 1889 in Venedig nieder und, durch die große Stoffsammlung seiner Mutter angeregt, richtete er sich selbst Werkstätten, ein Mal- und Fotoatelier, eine Tischlerei, eine Stoffdruckerei, eine Stofffärberei und eine Schneiderei ein. Er machte sich ebenfalls einen Namen als Maler, Bühnenbildner und Designer. Fortuny kreierte neue Methoden des Stoffdrucks und wurde berühmt für seine Erfindung plissierter Seidenstoffe – diese Idee ließ er 1909 in Paris patentieren. Im Jahr 1909 entstand seine bekannte Fabrik für Seidenstoffdruckerei auf Giudecca. Heute gibt es noch das Museo Fortuny in einem Palazzo aus dem 15. Jahrhundert – ein Besuch lohnt sich allemal.

# Mode

Die wohlhabenden Venezianer und ihre Frauen waren zu allen Zeiten darauf bedacht, eine „Bella Figura" zu machen und Luxus und Reichtum zu demonstrieren, wo immer Gelegenheit dazu war. Man zeigte gern viel wertvollen Schmuck, extrem aufwändig gearbeitete Kleider und grotesk hohe Schuhe. Bis 45 Zentimeter hohe Schuhaufbauten, die ein normales Gehen unmöglich machten, aber eben einmal in Mode waren, erforderten stets Begleiter, bei denen sich die Damen festhalten konnten. Dieser extreme Modeaufwand zeigte sich insbesondere im gesellschaftlichen Leben, auf Festen und bei großen Feierlichkeiten.

In der Straße der Kaufleute und der vielen Geschäfte, der Merceria, stellte eine Puppe die jeweils aktuelle Pariser Mode vor. Zur Korrektur all der modischen Auswüchse erfand der Staat immer wieder neue Gesetze und Vorschriften. Ein Erlass aus dem Jahre 1511 beispielsweise schränkte das Tragen von zu viel Schmuck ein und limitierte den Verbrauch von Samt und Seide. Bei Nichtbeachtung der Anordnungen kassierte die staatliche Steuerbehörde Bußgelder.

Die Kleidung des gehobenen Bürgertums sollte im Alltag schwarz sein, bei Männern wie bei Frauen. Auf diese Weise wollte man die Standesunterschiede weniger deutlich erscheinen lassen.

Maurischer Kaufmann, Figur aus dem 13. oder 14. Jh. Auf diesem heute ruhigen Platz waren einst Waren aus aller Herren Länder gelagert.

# Handel

Wovon sollten die Venezianer leben? Ihr Territorium war beengt, Bodenschätze waren nicht vorhanden, Landwirtschaft konnte nicht betrieben werden. Die Bewohner der Lagune wurden folglich auf die Schifffahrt verwiesen. So gefährlich das Meer auch war – es ermöglichte den Weg zu anderen Völkern und Kontinenten. Im Laufe der Jahrhunderte erwies sich die geopolitische Lage zwischen Europa und dem Orient als sehr vorteilhaft. Der Handel wurde zum Lebenselixier der Lagunenstadt, „Kaufmann" wurde der von Generation zu Generation weiterkultivierte Beruf.

Anders als etwa in Florenz, wo auch philosophische, literarische und religiöse Fragen intensiv erörtert wurden, dominierte in Venedig Kaufen und Verkaufen. Das Streben nach Gewinn war stets vorrangig, selbst Maler und Musiker waren keineswegs frei davon. Sogar ein christliches Verdikt wurde missachtet: Bis 1576 wurden nahe der Markuskirche Sklavenmärkte abgehalten. Der Venezianer zeichnete sich aus durch die Qualitätseigenschaften eines Kaufmanns; er war initiativ bis risikofreudig, ehrgeizig und im Umgang mit Geld gewandt. Banken, Versicherungen und Geldwechselbüros wurden frühzeitig und für Europa vorbildhaft eingerichtet. Zunehmendes Wohlergehen breiter Schichten der Bevölkerung über Jahrhunderte hinweg verhinderte größere Unruhen in der Republik.

Zwischen den nördlichen Ländern und dem Orient wurden Waren aller Art hin und her gehandelt: Gewürze, Essenzen, Färbemittel, Teppiche, Zucker, tropische Früchte, Marzipan, Stoffe und Kaschmir, Elfenbein, Perlen, Edelsteine und Gold, auch Salz, Metall, Marmor und Glas. Einige Länder waren sogar durch große Handelspaläste in Venedig vertreten, beispielsweise der Fondaco dei Turchi oder der Fondaco dei Tedeschi (türkisches und deutsches Handelshaus).

# Handel

Eine Initiative gegen kommerziellen Missbrauch warnt mit diesem Plakat vor dem Erwerb gefälschter Markenprodukte.

# Marco Polo

Marco Polo steht in besonderer Weise für die Mentalität des Venezianers. Er war begierig, Neues zu erforschen, zugleich aber durch Geschäfte reich zu werden. Marco Polo wurde 1254 geboren, der Handel mit Juwelen war das einträgliche Geschäft der Familie. Vater Niccolò und Onkel Maffeo hatten schon sehr früh Reisen zu den Mongolen unternommen. Mit den beiden brach der siebzehnjährige Marco auf in viele asiatische Länder, brachte es am Hof des Herrschers Kublai Khan zu so großem Ansehen, dass er als Verwalter in entfernte Provinzen geschickt wurde. Nach etwa zwei Jahrzehnten kehrte er mit vielen Schätzen wie Seide, Juwelen, Perlen und Gewürzen zurück und nahm umgehend als Offizier am Krieg gegen Genua teil. Er wurde gefangen genommen und war dann zufällig mit einem Literaten in einer Zelle eingesperrt; ihm diktierte er seinen berühmten Reisebericht „Il Milione", der weltweit ein Bestseller wurde. Marco Polos Häuser standen in der Nähe des Theaters Malibran an der Stelle der heutigen Nummer 5858. Die beiden Höfe „Corte del milion" und „Corte seconda del milion" erinnern an den berühmten, zu Reichtum gekommenen Weltreisenden.

# Geschlossen

Gerade in der kälteren Jahreszeit fällt auf, dass Geschäfte, vor allem Fachgeschäfte, die man seit Langem kennt, schließen oder schließen müssen. Das Schild „Cedesi Attività", das die Beendigung der Tätigkeit bekannt gibt, nimmt man mit Bedauern zur Kenntnis. Es stellt sich die Frage: Was wird folgen? Für leere Geschäfte seitab bieten sich keine neuen Mieter an, die Schaufenster bleiben verklebt. In den großen Verkaufsstraßen eröffnen asiatische Billigläden. Edle Geschäfte mit venezianischen Handwerksarbeiten werden immer seltener – freilich haben gute Produkte auch ihren Preis.

Antiquariat Acqua Alta in der Calle Lunga S. Maria Formosa

# Bücher

Kalte und unfreundliche Wintertage bieten die Möglichkeit, Museen zu besuchen, Kaffee zu trinken oder die Zeit mit Büchern zu verbringen. Gut sortierte Buchhandlungen – leider wurden in den letzten Jahren 17 Buchhandlungen geschlossen – und reich bestückte Antiquariate bieten Literatur aller Art, besonders jedoch geschichtlich und kulturhistorisch interessante Bücher an. Leider läuft das Geschäft zaghaft. Der Inhaber der „Libreria Miracoli" findet in seinen Regalen manche bibliophile Rarität, die Buchhandlung „Filippi" in der Calle del Paradiso hält immer wieder seltene kulturgeschichtliche Kostbarkeiten über Venedig bereit. Das Antiquariat „Acqua Alta" ist bedauerlicherweise häufig betroffen von Hochwasser, doch der Aufenthalt dort ist dennoch immer ein Vergnügen.

Die Fondazione Querini Stampalia am Campo Santa Maria Formosa lädt ein in eine stattliche Bibliothek, auch ein Besuch in der Biblioteca Nazionale Marciana auf dem Markusplatz lohnt sich allemal, sind dort doch beispielsweise die Handschriften von Francesco Petrarca, kostbare Bücher aus aufgelassenen Klosterbibliotheken, wertvolle Bucheinbände und Miniaturen zu sehen.

Venedig wurde einst als Verlags- und Druckerei-Standort führend in Europa, die erste Druckerlaubnis war im Jahre 1469 er-

# Bücher

Diese „Büchertreppe" im Antiquariat Acqua Alta ermöglicht den Blick in einen Kanal.

# Bücher

teilt worden. Aldo Manuzio hatte die Tradition zur Zeit der Renaissance begründet, er war besonders kreativ als Buchdrucker und Verleger. Er erfand das Taschenbuch, die Kursivschrift und zur Gliederung von Texteinheiten führte er die regelmäßige Benutzung von Punkt und Komma ein. Eine Gedenktafel an der Seitenwand des großen Sparkassengebäudes (Campo S. Luca) erinnert an den auch künstlerisch begabten Handwerker. Zu Beginn des 16. Jahrhunderts gab es ungefähr zweihundert Druckereien in Venedig. Antike Texte, Landkarten, Noten und Schaubilder wurden wieder aufgenommen und sehr schnell verbreitet. Wissen wurde zur Ware, die viel Geld einbrachte.

Ein Stampatore, der nach traditioneller Methode von Hand druckt, arbeitet heute noch in Venedig: Gianni Basso. Gelernt hat er die alte Kunst bei den Armeniern auf der Insel San Lazzaro degli Armeni.

Libreria Miracoli
am Campo
S. Maria Nova

# Examen

Examen geschafft! Ein Doktorand der Architektur wird gefeiert. Freunde bekleiden ihn mit einem Fantasiegewand und ziehen mit ihm durch die Gassen. Die große offizielle Laurea-Feier der Universität mit vielen Gästen findet meist auf der Piazza San Marco statt. Beim „Pranzo Laurea" versammeln sich, einem alten Brauch entsprechend, der Doktorand, seine Professoren, seine Familie und Freunde zu einem festlichen „Doktoranden-Schmaus".

In Venedig gibt es verschiedene Möglichkeiten zu studieren:
- an der Ca' Foscari di Venezia mit mehreren Fakultäten,
- an der Universität für Architektur,
- an der Venice International University auf der Insel San Servolo.

# Rudermacher

Die Rudermacher (Remeri) üben nach wie vor einen Spezialberuf in Venedig aus. Eine der beiden Werkstätten, die es noch gibt, findet man nahe der Ponte del Diavolo. Hier stellen die Handwerker auf traditionelle Weise Ruder für die verschiedenen Bootsarten her und zeigen, wenn sie ein wenig Zeit haben, die wunderbaren Hölzer, die sie dafür verwenden.

# Livio De Marchi

Beim Betreten des „Le Café" am Campo San Stefano fällt der Blick nicht gleich auf die Kuchentheke, sondern auf eine Jacke mit Hut, die an der Wand hängt. Beim näheren Hinsehen erkennt der Betrachter, dass die Jacke aus Holz geschnitzt ist; es handelt sich hier um ein Kunstwerk von Livio De Marchi. Der mehrfach prämierte Holzbildhauer schnitzt alltägliche Gegenstände wie Schuhe, Taschen, Hüte, Kleidungsstücke, aber auch Autos, Pflanzen oder Möbel. In der Salizzada San Samuele sind seine originellen Arbeiten ausgestellt.

41

# Pause

Der Gondoliere hat im Winter bei schlechtem Wetter zwischen den wenigen Gondelfahrten viele Pausen. Seine regelmäßigen Rufe „Gondola – Gondola" verleiten nur wenige Touristen zu einer romantischen Fahrt mit Schirm. Die „Gondelkapitäne" nutzen ihre freie Zeit auf ihre Weise: Sie gehen auf dem Campo hin und her, warten auf Freunde und nehmen jede Gelegenheit zum Plaudern und Diskutieren wahr, ob im Freien oder an der Bar. Im kalten Winter wäre eine Gondel mit einem geschützten „Stübchen", wie sie in der Zeit der früheren

Jahrhunderte durchaus gebräuchlich war, sehr angenehm und bequem, zumindest für den Fahrgast. Der Gondoliere hätte den finanziellen Vorteil.

# Giustina Rosso

Wenige Schritte hinter dem Eingang zum Uhrenturm sieht man an einer Hauswand in einiger Höhe ein Relief, das die Erinnerung an ein wichtiges historisches Ereignis in der Stadt wachruft. Am 15. Juni 1310 versuchten mehrere berühmte Familien unter Führung des Patriziers Baiamonte Tiepolo den Palazzo Ducale einzunehmen und den Dogen Pietro Gradenigo zu stürzen. Das Unternehmen nahm einen kuriosen Verlauf. Als die Soldaten eng an einer Hauswand in Richtung Markusplatz vordrangen, schaute gerade Giustina Rosso aus ihrem Fenster und ein ziemlich schwerer Mörser fiel ihr aus der Hand. Ein Fahnenträger wurde getroffen und zu Boden gestreckt. Aufgeregt flohen die Aufständischen – die Revolution war beendet. Die Folgen waren erheblich: Die Urheber des Aufstands wurden verbannt, ihre Häuser teilweise niedergerissen, eine Schandsäule errichtet. Sogar eine Verfassungsänderung wurde vorgenommen. Giustina Rosso wurde belohnt; sie und ihre Nachkommen hatten über 500 Jahre hinweg keine Mieterhöhung mehr erhalten. Zudem durfte die „Heldin" an jedem 15. Juni und an allen sonstigen Feiertagen die Markusfahne an ihrem Fenster zeigen.

# Alte Frau

An der Wand eines Gebäudes in der Corte del Teatro, nahe Campo San Luca, entdeckt man den Kopf einer älteren Frau in Marmor. Man erzählt sich dazu diese Geschichte aus dem 14. Jahrhundert: Eine alte Frau hatte ihren abgetragenen Mantel mit ihren Ersparnissen im Innenfutter in die Dachkammer gebracht. Ihr Sohn Vincenzo Quadrio, der keine Ahnung davon hatte, schenkte an einem kalten Wintertag diesen Mantel einem armen, frierenden Mann. Die Frau erschrak sehr, als sie ihren Mantel nicht mehr finden konnte, und teilte dem Sohn ihr Geheimnis sofort mit. Sie versprach ihm den Inhalt des Mantels als Erbschaft, wenn er das Kleidungsstück nur wiederbrächte. Der Sohn begab sich auf die Suche, spielte sogar selbst einen Bettler und setzte sich auf die Stufen der Rialtobrücke. Bald fand er den Gesuchten, bot ihm seine schöne warme Jacke an und konnte so den alten Mantel zurücktauschen. Glücklicherweise steckte das Geld noch in der Innentasche. Der Erlös ermöglichte es ihm, eine Apotheke, die später „La Vecchia" hieß, zu eröffnen. An der Rückwand des Hauses brachte der Sohn ein Marmorbild an, das die Mutter und den zu Füßen sitzenden Sohn darstellt. Heute ist nur noch der Kopf der Frau erhalten.

# Schuhmacher

Nahe dem Campo S. Stefano, in der Calle delle Orbi, entdeckt man an der Fassade eines Palazzo ein Relief, das unterhalb einer Mariendarstellung einen Schuh zeigt. Hier befand sich die Bruderschaft der deutschen Schuhmacher, die 1383 gegründete „Scuola dei Calegheri". Die Scuola der venezianischen Schuhmacher lag am Campo San Tomà. Über der Tür eines Bibliotheksgebäudes sieht man ein Relief aus Stein; es erzählt folgende Legende: Ein Schuhmacher hatte sich bei seiner Arbeit schwer verletzt. Der hl. Markus, Schutzpatron der Schuhhandwerker, konnte ihn auf wunderbare Weise heilen.

# Roter Stein

Venedig wurde häufig von der Pest heimgesucht. Aus solchen Katastrophenzeiten erklärt sich die eine oder andere Wundergeschichte. Die schreckliche Pest von 1630 schien kein Ende zu nehmen. Ein junges Mädchen namens Giovanna, das in der Corte Nova wohnte, hängte ein selbst gemaltes Bild von der Madonna und einigen Schutzheiligen in den dortigen Hausdurchgang und versammelte die Bewohner zum täglichen gemeinsamen Gebet. Von da an breitete sich die Seuche in diesem Umfeld nicht weiter aus. Ein Pflasterstein aus rotem Marmor erinnert an das Wunder. Ob das Betreten des Steins Glück oder eher Unglück bringt, wird unterschiedlich ausgelegt. Der erste Dienstag im Mai ist zum Gedenktag dieses Wunders geworden, traditionsgemäß kommen die Bewohner mit Kerzen und Blumen und beten den Rosenkranz.

# Drehtür der Unschuldigen

Der Spaziergang zum Arsenale führt vorbei am Hotel Metropole. Hier stand einst das Kloster della Pietà. An der Seitenwand des Gebäudes befindet sich noch heute die Drehtür, durch die man unerwünschte Säuglinge in eine Wiege legen und damit in die Obhut der Nonnen geben konnte. Unter dem Madonnenrelief am Beginn der Calle della Pietà erkennt man noch die Öffnung, durch die Spenden für die ausgesetzten Babys gesteckt wurden. Wohlhabenden Eltern war das Aussetzen ihrer Kinder streng verboten.

# Das rote Herz

Das rote Herz aus Ziegelstein im Sotoportego dei Preti erzählt eine romantische Liebesgeschichte zwischen einem Fischer namens Orio und der schönen Meerjungfrau Melusine. Nach einem Wechselspiel von Glück und Unglück endete die Geschichte tragisch. Das Berühren des Herzens soll dennoch Glück bringen!

# Carlo Goldoni

Der Dichter Carlo Goldoni wurde 1707 im Stadtteil San Polo geboren, in jenem hübschen Palazzo Cantani, der schon im Vorbeigehen den Blick auf einen malerischen Innenhof mit einem besonders schönen Treppenaufgang lenkt. In diesem Palazzo befindet sich heute das Goldoni-Museum. Wir erfahren dort nicht nur manches aus Goldonis Leben, sondern vielmehr auch von seiner schöpferischen Tätigkeit als Theaterdirektor. Goldoni schrieb über 200 Komödien und Libretti, Stücke, die im Unterschied zur Commedia dell'arte das realistische Leben in Venedig zeigen, die ernste, überwiegend aber heitere Episoden schildern und mit allerlei Verwicklungsgeschichten Vergnügen bereiten. Ein besonderes architektonisches Juwel im Haus ist eine kleine quadratische Bodenöffnung im 1. Stock, durch die man damals ins Erdgeschoß herunterschauen konnte, um Gäste oder unerwünschte Besucher rechtzeitig sehen zu können. Diese Öffnung wurde im Winter mit einem Teppich überdeckt, heute ist sie verglast.

Am Campo San Bartolomeo nahe der Rialtobrücke lächelt Carlo Goldoni heiter von seinem Standbild herab. Das „Teatro Goldoni" ist heute ein Theater für Schauspiel, Konzert und Ballett.

# Carlo Goldoni

Innenhof des Wohnhauses von Carlo Goldoni

# Caffè al Ponte del Lovo

Die Bezeichnung „Lovo" wird abgeleitet von „del Lupo", wie eine alteingesessene Familie in Venedig hieß.

In diesem „Caffè al Ponte del Lovo" traf sich Carlo Goldoni besonders gern und häufig mit Schauspielern des Theaters von San Luca, mit Freunden und Bekannten. Er genoss die Kaffeehausatmosphäre und so manche Szenerie erkennt man in einer seiner Komödien wieder.

1750 wurde „La Bottega del Caffè" aufgeführt, 1775 erwähnt Goldoni das Café in der Mundartkomödie „Le Massere" folgendermaßen:

Anzoletto  „Bravo, also treffen wir uns!"
Zanetta  „Wo immer Sie wollen."
Anzoletto  „Unten am Ponte del Lovo; dort wo das Caffè ist."
Zanetta  „So sei es!"

(Übersetzung aus dem Hausprospekt)

# Rosa Salva

Die Weihnachtszeit hier in der Lagunenstadt ist kaum vorstellbar ohne ein berühmtes venezianisches Hefegebäck, den Panettone. Auf einem Tablett, das er auf dem Kopf durch die Gassen trägt, jongliert ein Konditor zwölf Panettoni in das Café Rosa Salva. Dort stehen sie dann zum Verkauf bereit.

Antonio Rosa Salva, Konditor in vierter Generation, wurde gefragt, auf welches Produkt er besonders stolz sei; er antwortete folgendermaßen: „Auf den Panettone in der Weihnachtszeit. Früher stand bei meiner Großmutter nachts immer ein Wecker neben dem Bett, damit der Hefeteig in der Nacht noch einmal bearbeitet werden kann. Ein guter Panettone muss 24 Stunden gehen und braucht ein bis zwei Tage Arbeit."

Wie in anderen Konditoreien gibt es allerlei feines Kleingebäck: Baicoli (dünner Zwieback), Sfoglie (Blätterteigschnitten mit Creme), Fritole (Hefekrapfen mit Rosinen und Pinienkernen), Galan (feines, leicht zerbrechliches Karnevalsgebäck) und Pan di Doge (längliches Gebäck mit Trockenfrüchten und Mandeln).

Ein interessantes Detail aus der Süßwarenherstellung: Venedig war die erste Stadt Europas, in der Konditoren und Bäcker schon im 12. Jahrhundert Honig durch importierten Zucker ersetzen konnten.

Waghalsiger Transport der Panettoni zum Café Rosa Salva

„Venedig ist die schönste Stadt Italiens,

der Marcusplatz ist der schönste Platz Venedigs,

das Caffè Florian ist der schönste Treffpunkt des Platzes,

also trinke ich meinen Caffè am schönsten Platz der Welt."

# Caffè Florian

Das Caffè Florian gilt als schönstes, bekanntestes und teuerstes Café der Welt und als ältestes Café Italiens. Wer denkt da schon daran, dass der Kaffee, den man hier serviert bekommt, einstmals „Kahvé" hieß, als Wundertrank galt und in der Apotheke verkauft wurde? Der Ausblick von den Räumen innen und von der Piazza ist grandios. Floriano Francesconi war Kaffeehändler in Venedig, er eröffnete am 29. Dezember 1720 sein „Caffè alla Veneziana Trionfante". Seine Nachfahren nannten es nach dem Vornamen des Gründers kurz „Caffè Florian". Hier wurden die Neuigkeiten der Stadt ausgetauscht, die „Gazzetta Veneta" gegründet, im Hinterzimmer die Revolution gegen die Österreicher (1848) geplant. Auch die Biennale wurde als Idee hier geboren und im Jahr 1893 dann als internationale Ausstellung zeitgenössischer Kunst veranstaltet.

Dieses hübsche Treppengeländer führt den Gast in den ersten Stock.

Das heutige Ambiente stammt aus dem Jahr 1858. Die Räume sind reich ausgeschmückt, Portraits von berühmten Venezianern und große Spiegel bestimmten die Atmosphäre.

Lieferung für viele Gläschen Ombra

# Ombra e Cicheti

Am späten Vormittag schätzt der Venezianer seinen „Ombra", ein kleines Gläschen Weißwein, in der Bar gleich um die Ecke. Ombra heißt Schatten; wie daraus der Name für ein Getränk wurde, wird folgendermaßen erklärt: Als im 14. Jahrhundert auf der Piazza San Marco noch Markt abgehalten wurde, gab es dort auch einen Weinstand. Sein Standort wurde während des Tages jeweils so verschoben, dass die Kunden stets im Schatten des Campanile standen und der Wein dort eine angenehme Kühle behielt. Mancher mag gesagt haben: „Lasst uns im Schatten etwas trinken!" Vereinfachend könnte daraus geworden sein: „Trinken wir einen Ombra!" Im Vergleich zu den nördlichen Städten Europas war der Alkoholgenuss außerordentlich maßvoll. Sich zu betrinken galt in Venedig als Blamage.

In den venezianischen Weinschenken, den Bacari, wird nicht nur viel diskutiert, man isst hier auch gerne zum Ombra einige Cichetti, kleine Schnittchen, belegt mit unterschiedlich hohen Schichten von Fisch, Wurst, Ei, Käse, Gemüse, Meerestieren und pikanten Gewürzen. Die Kneipen waren seit jeher klein und eng und konnten daher nur wenige Personen aufnehmen. Dieser Platzmangel kam der Regierung gerade recht. Die Angst, revolutionäre Ideen könnten hier entstehen, veranlasste die Administration immer wieder, Spione in die Tavernen zu schicken.

# Harry's Bar

Ein wenig geheimnisvoll wirkt hinter dem Fenstergitter die Aufschrift „Harry's Bar". Zu finden ist dieser berühmte Ort nahe dem Markusplatz neben der großen Gondelstation. Viele Gäste kommen dorthin, um die Geburtsstätte des „Bellini", benannt nach der venezianischen Malerfamilie Bellini, zu betreten und den spritzigen Cocktail – Prosecco mit weißem Pfirsichmark – zu genießen. Ein weiteres Highlight hier ist das in hauchdünne Scheiben geschnittene Rinderfilet „Carpaccio"; kreiert wurde es von Giuseppe Cipriani und benannt nach dem Renaissance-Maler Vittore Carpaccio. Der Legende nach war diese Kreation der Stammkundin Contessa Amalia Nani Mocenigo zugedacht, die einer strengen Diät gemäß keine gekochten Speisen essen sollte.

Harry's Bar wurde 1931 von Giuseppe Cipriani und seinem amerikanischen Freund und Geldgeber Harry Pickering gegründet.

Ernest Hemmingway war einer der berühmtesten Gäste hier; Harry's Bar spielt eine Rolle in seinem Roman „Über den Fluss und in die Wälder".

# 54

# Ein Lächeln

Das Motto einer Bar am Campo S. Barnaba verbreitet zusammen mit einem Espresso eine heitere Stimmung:

*Un sorriso non costa nulla
ma vale molto.
Arricchisce chi lo riceve
e chi lo dona.*

„Ein Lächeln kostet nichts,
aber ist viel wert.
Es bereichert den, der es erhält,
und den, der es schenkt."

Babbo Natale lädt ein

# Buon appetito

Im Winter bleiben die Terrassen der Speiselokale leer und die Gäste ziehen sich in empfohlene oder bereits bekannte Osterien, Tavernen, Pizzerien, Trattorien oder Ristoranti zurück. In vielen Gaststätten wird immer häufiger italienische Routinekost (Touristen-Menu) angeboten. Der Venezianer selbst ist ein freudiger, aber auch kritischer Esser; er hat stets eine Reihe guter Geheimtipps im Kopf und kann begeistert schwärmen von Sarde in Saor (Sardinen in sauren Zwiebeln), von Fegato alla Veneziana (Kalbsleber), von Bacalà mantecato (Stockfischmus mit Polenta), von Sepia nera (Tintenfisch in schwarzer Tintensoße), überhaupt von Meerestieren und Fischen aller Art. Er legt Wert auf die Pasta della Casa und auf frisches Gemüse, möglichst von den Inseln S. Erasmo oder Le Vignole. Der Wein kommt von überall her, doch vorwiegend aus dem Veneto. Als Dessert empfiehlt man gern Tiramisu (der Name wurde 1970 erfunden im Restaurant „Le Beccherie" im nahen Treviso), Pannacotta, Macedonia (frischer Obstsalat) oder, wie überall in Italien, Torta della Nonna. Die Dolci sind oft übermäßig süß, aber hervorragend zum Espresso.

Im Übrigen: Der Siegeszug der Gabel über Europa begann in Venedig im 11. Jahrhundert. Eine mit dem Dogen verehelichte Adelige aus Byzanz brachte das wichtige Hilfsmittel mit.

Typisch venezianische Gerichte in der Trattoria Antica Sacrestia

# Buon appetito

Frischer Fisch
vom Fischmarkt

# Sarde in Saor

## Zutaten (4 Personen):

500g Sardinen

Mehl zum Braten

Olivenöl

weißer Pfeffer, Salz

1 Lorbeerblatt

250g weiße Zwiebeln

1 Glas trockener Weißwein

Weinessig

50g Pinienkerne

50g Rosinen

## Zubereitung:

Die streifig und fein geschnittenen Zwiebeln in Olivenöl langsam glasig dünsten, dann mit Wein und Weinessig ablöschen. Salz, Pfeffer und ein Lorbeerblatt hinzufügen und etwa 30 Minuten leicht köcheln lassen.

Die gewaschenen, entschuppten und ausgenommenen Sardinen in Mehl wenden und in Olivenöl braten. Fische und Zwiebeln in eine Auflaufform schichten und mit den eingeweichten Rosinen und angerösteten Pinienkernen bedecken. Abkühlen, abdecken und ein bis zwei Tage lang durchziehen lassen.

Eine sehr delikate Vorspeise!

Von früh bis spät und bei jedem Wetter geöffnet: der Gemüsewagen am Campo S. Maria Formosa.

# Gemüsewagen

Auch bei Kälte, Wind und Regenwetter steht der Gemüsewagen zuverlässig auf dem Campo S. Maria Formosa. Noch bei Dunkelheit, morgens um 7 Uhr, zieht man den großen Wagen aus dem Magazin, flink werden die Kisten mit frischer Ware aufgebaut und die Preisschilder befestigt. In Windeseile schält Gino unzählige Artischocken, damit die Hausfrauen möglichst bald die weißen Artischockenböden (Fondi) kaufen können. Das Geschäft bleibt belebt bis zum Abend und schließt erst wiederum bei Dunkelheit.

Der Hausfrau wird die Arbeit abgenommen: vorbereitete Artischockenböden.

# Gemüsewagen

# Gemüsewagen

# Gut sortiert

Auch in den engsten Gassen findet man zwischen all den Mode- und Souveniergeschäften kleine Lebensmittelläden. Ihr Angebot ist meist überraschend groß. Auf kleinsten Flächen bietet der Lebensmittelhändler an, was die Hausfrau täglich braucht: eingelegtes Gemüse, Pasta, vielerlei Käsesorten, Schinken aus San Danieli, Backwaren aller Art, Getränke. Dazu das persönliche Gespräch.

Freilich gibt es in Venedig da und dort auch Supermärkte. Sie sind nicht übermäßig groß und sie reihen sich unauffällig ins Stadtbild ein. Für den großen Vorratseinkauf scheinen sie wegen der hinderlichen Brücken eher weniger geeignet – vielleicht ein Vorteil für den nahen Tante-Emma-Laden.

# Blumenhändler

Der Blumenhändler am Campo Santa Maria Formosa kommt zweimal pro Woche auf den Platz. Gleich neben dem Kirchturm baut er seine bunte Pracht auf. Er bietet Blumen aus vielen südlicheren Gegenden Italiens und aus Ägypten an. Gerade im Winter ist die Sehnsucht nach Farben und die Freude an bunten Blumen besonders ausgeprägt. In einigen Stunden sind die meisten Blumen verkauft. Der Händler lässt sich und seine Frau mit den leeren Blumengefäßen im Boot wieder zur Piazzale Roma zurückfahren; dort steigt er um in seinen Lastwagen und fährt heim in Richtung Asolo. Glücklicherweise muss er sich heute nicht mehr durch strenge Gesetze derart einschränken lassen, wie das zur Zeit der Renaissance der Fall war. Es wird berichtet, dass in Venedig, wo viele Lebensbereiche genauestens reglementiert und überwacht wurden, die Verwaltung auch den Verkauf von Blumen im Hinblick auf Herkunft, Anzahl, Sorten, Zeiten, Orte und Preise streng überprüfte.

60

# Winterwetter

Einige Wochen im Winter können auch in Venedig sehr ungemütlich und frostig sein. Der kalte Wind aus dem Osten oder die Bora aus dem Nordosten bringen Kälte in die Lagune. Historisch wird berichtet von den extremen Verhältnissen im Winter 1607/08, die Rudel von Wölfen über die Eisfläche in die Stadt trieben. Im Jahre 1709, dem kältesten Winter Europas, fror die Lagune total zu und die Eisplatte blieb bis Ende April. Die Menschen konnten zu Fuß und mit Schlitten zum Festland wandern. Eisiger Wind und Schneestürme machten viele Häuser unbewohnbar, die Kanäle waren restlos zugefroren. In unserer Zeit der Klimaerwärmung können wir Schnee in Venedig nur wenige Male erleben. Leichter Schneefall an einigen Wintertagen beschert den Menschen eine zauberhafte Kulisse, gefährlich ist jedoch die rasche Eisbildung auf den Brücken. Es gibt Tage mit permanentem Regen und Hochwassergefahr, es gibt aber auch Tage, an denen Dunst oder gar dichter Nebel über der Lagune liegen. Die Atmosphäre wirkt dann ruhiger als sonst, die Geräusche sind gedämpft und die Konturen verschwommen, vom Wasser aus sieht man die Stadt manchmal nur schemenhaft. Den Malern des 19. Jahrhunderts gelang es, die verschleierten Gebäude und das diffuse Licht auf manchen ihrer Bilder wunderbar auszudrücken.

Ein besonderes Phänomen zeigt sich gelegentlich auch im Winter: der Föhn aus dem Norden. Die bereits schneebedeckten Dolomiten rücken optisch nahe und bieten eine herrlich klare Sicht. Wie durch ein Fernglas hergeholt kann man die Laguneninseln und das Festland von der Nordseite der Stadt oder von den Schiffen aus sehen.

# Winterwetter

Schnee verändert den optischen Eindruck der Stadt grundlegend. Ende Januar 1850 schneite es eine Woche lang intensiv; der englische Künstler und Gelehrte John Ruskin schrieb damals in einem Brief: „Die Piazza von San Marco bot einen neuen, höchst seltsamen Anblick: ein weißes Feld wie ein zugefrorener Bergsee… Nicht weniger seltsam war es am Canal Grande. Die reich verzierten Balkone waren mit Schnee beladen und drapiert, anstelle der weißen Seiden- und Satinvorhänge, die dort gewöhnlich hängen."

John Ruskin, Briefe aus Venedig

# 61

# Hochwasser

Gerade zur Winterzeit muss man immer wieder einmal mit dem „acqua alta" rechnen. Erfahrene Venezianer kennen die Anzeichen für herannahendes Hochwasser; sie horchen auf den veränderten Klang des Meeres und beobachten, wie sich das Wasser anders färbt und wie der Wind die Brechung der Wellen beeinflusst. Der kräftige Wind – ob die kalte Bora aus dem Nordosten oder der heiße Scirocco aus Afrika – treibt das Wasser je nach den Gezeiten unterschiedlich schnell über die Ufermauern oder drückt es von unten durch die Löcher in den Pflastersteinen auf die Plätze und in die Gassen. Ab einer Höhe von 110 cm über dem Normalstand des Wasserspiegels tönen die Sirenen von verschiedenen Türmen aus über die Stadt und warnen: Venedig im acqua alta! Für die Bewohner bedeutet das vorerst: Gummistiefel und Fischerhosen müssen eilig bereitgelegt, Sandsäcke herbeigeschafft, Hauseingänge abgedichtet, Schaufenster verrammelt und die Laufstege (Passarelle) aufgebaut werden.

Hochwasser gab es in Venedig zu allen Zeiten. Viele Jahreszahlen erinnern an extreme Überschwemmungen. Schon aus den Jahren 589, 782, 885 und später dann 1732 wird berichtet von Hochwasser besonderen Ausmaßes. Man glaubte an den Umtrieb von bösen Geistern und Dämonen, die Venedig einfangen wollten. Acqua alta trat im Laufe der Jahrhunderte zunehmend häufiger auf, besonders heftig in den Jahren 1920, 1966, 1979, 1990, 1996 und 2008 (99 % überschwemmt). Der extreme Wasserstand von 194 cm über Normalhöhe setzte im Jahre 1966 fast die ganze Stadt unter Wasser.

Einerseits fühlten sich die Venezianer nicht ohne Stolz als Herrscher der Meere, andererseits hatten sie stets Angst und Respekt vor dem Element Wasser, Angst auch letztlich vor dem Versinken ihrer Heimatstadt.

# Hochwasser

# Hochwasser

Der Meeresspiegel steigt, verursacht durch den Klimawandel, kontinuierlich an und der Boden unter der Stadt sinkt jährlich um mehrere Millimeter ab. Die Wasserpflanzen, die den Untergrund in der Lagune festigen, sterben durch die Wasserverschmutzung ab. Wie kann die Stadt gerettet werden? Nach vielen Überlegungen einigte man sich auf die Durchführung des Projekts „Mose" („Modulo Sperimentale Elettromeccanico"). An den drei großen Einfahrten zur Lagune sollen gewaltige, in gigantische Stahlkästen einbetonierte Stahltore das Wasser der Adria zurückhalten. Mit dem Bau wurde bereits 2003 begonnen. Kritische Stimmen unterbreiteten alternative Vorschläge und warnen noch immer vor den schlimmen Folgen für das Ökosystem in der Lagune; der Austausch des Wassers zwischen dem offenen Meer und dem „Bacino" könnte nicht mehr uneingeschränkt stattfinden. Die vielfältigen Auswirkungen wären unabsehbar.

# Hochwasser

# Hochwasser

Fußbodenöffnungen für Zu- und Ablauf des Hochwassers

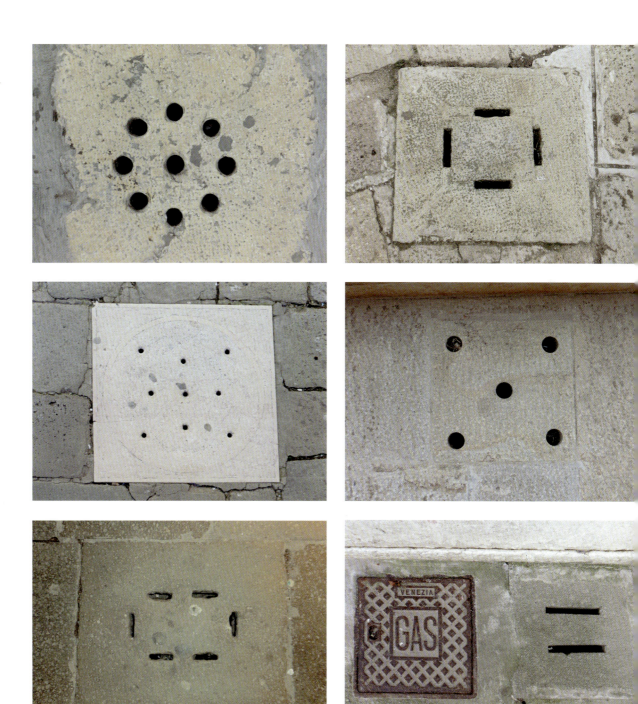

# Winterarbeiten

Gerade im Winter fallen in Venedig Reparaturarbeiten aller Art an. Ein Handwerker, der sein Schiff wie eine Werkstatt ausgestattet hat, fährt zum Arbeitsplatz – ein Bagger lädt Bauschutt ins Boot – Maurer vermörteln herausgebrochene Ziegelsteine an der Brücke vor dem Palazzo Malipiero – ein Hauswart bringt die Klingelplatte auf Hochglanz.

# Winterarbeiten

Wie überall: Baustellen behindern den Verkehr

# Winterarbeiten

Eine gut sortierte Werkstatt

# Hunde

Auf vielen Gemälden fällt ins Auge, dass immer wieder auch Hunde ins tägliche Leben einbezogen werden. Tiere bedeuten für die Venezianer in ganz besonderer Weise die lebendige Natur, die ihnen inmitten der hohen Häuser und engen Gassen fehlt. Auf Gemälden erkennen wir die nützlichen Begleiter der Jäger, die Wachhunde, die feingliedrigen Windhunde und die kleinen Schoßhündchen. Da sitzen sie in Salons mitten im Familiengeschehen, thronen auf Schiffen oder laufen frei über die Plätze. Man erinnert sich an den weißen Spitz in der Gondel auf dem Bild „Reliquienwunder in Rialto", den ebenfalls weißen Hund im Studierzimmer des hl. Augustinus, an die Schoßhündchen der „Zwei venezianischen Damen", alle gemalt von Vittore Carpaccio.

Heutzutage fallen immer noch viele Hunde in Venedigs Gassen auf. Unwillkürlich hat man ein wenig Mitleid mit ihnen, fehlt doch weit und breit der freie Auslauf und die grüne Wiese. Im Winter kann man die liebevolle Fürsorge für die Vierbeiner besonders erkennen. Große und kleine Hunde tippeln, an der Leine geführt, in fantasievoller Winterbekleidung durch die Stadt; sie tragen bunte Pullöverchen, warm gefütterte Mäntelchen und regendichte Überzieher wie auf dem Laufsteg zur Schau. Wer weiß, ob die Träger sich darin wirklich so wohl fühlen wie gedacht?

Am 4. Oktober, am Tag des hl. Franziskus, findet vor der Kirche „Dei Tolentini" eine Tiersegnung statt. Vorwiegend Hunde und Katzen nehmen aufgeregt an der Feier teil.

# Hunde

# Hunde

# Hunde

# Hunde

Tiersegnung am Tag des hl. Franziskus, dem 4. Oktober

Katzenasyl am Campo S. Lorenzo

# Katzen

Im Winter trifft man in Venedigs Gassen eher selten streunende Katzen an. Sie ziehen sich zurück in Winkel und Nischen, mitleidige Einwohner denken ans Füttern. Eigentlich sollten Katzen in Venedig Mäuse und Ratten fangen, doch gibt es heute in der Stadt weit weniger wild lebende Katzen und auch weniger Ratten als früher. Seltener streicht ein magerer Kater über den Fischmarkt, um nach einer kleinen Mahlzeit Ausschau zu halten. Am Campo S. Lorenzo steht nur noch ein Katzenhaus – vor einigen Jahren gab es dort noch mehrere solcher Behausungen. Eine Vereinigung zum Schutz wild lebender Katzen übernimmt die Pflege und erinnert an die Gesetze des Tierschutzes.

Der schwarze Kater in der Buchhandlung „Acqua Alta" findet Futter in mehreren Schüsseln verteilt auf den Büchertischen.

# Katzen

Gelegentlich hat die Katze sogar im Theater etwas zu sagen. In den Stücken der Commedia dell'arte spielen nicht nur Arlecchino, Colombina und der Dottore wichtige Rollen, sondern auch Tiere erfreuen durch ihre Auftritte.

# Katzen

Hauskatzen, die in privaten Wohnungen leben, genießen ein ruhiges Familienleben und den Ausblick vom Fensterbrett.

# Tauben

Ohne Tauben kann man sich Venedig kaum vorstellen, sie sind fast zu einem Wahrzeichen geworden. Während der kalten Jahreszeit sitzen sie geschützt hinter Mauervorsprüngen, in Fensternischen und unter Dachrinnen, an schönen Tagen wärmen sie sich in der Sonne. Bis 1912 wurden die Tauben von den Behörden gefüttert. Danach gab es vererbbare Lizenzen für Futterverkäufer. Im Mai 2008 trat ein gesetzlich geregeltes Futterverbot in Kraft, die Verwaltung versprach auch eine intensive Reinigung der „guten Stube" Venedigs. Trotzdem klagen Geschäftsleute und Anlieger immer wieder. Auch die Fachleute vom Denkmalschutz registrieren die Mauerschäden an Kirchen und Palästen, die zurückzuführen sind auf die säure- und nitrathaltige Verschmutzung durch die Tauben. Doch wie enttäuscht wären viele Touristen, wenn sie das Füttern der Tauben nicht auf ihr Foto bannen könnten!

Die Möwen gehören zu den heimischen Vögeln der Lagune. Im Winter fliegen sie vom Meer herein in die Stadt, überblicken die Plätze von Turmspitzen oder von den Köpfen mancher Figuren aus und landen schließlich überall dort, wo sie Futter vermuten.

# 66

# Vögel

Auch im Dezember gibt es milde Tage, an denen die Wäsche im Freien trocknet und sich der Kanarienvogel vor dem Fenster in der Sonne wohlfühlt. Bunte Vögel sind die Freude vieler Venezianier ebenso wie Blumen oder kleine Haustiere.

Gern holt man sich Lebewesen in die steinerne Stadt herein, vielleicht haben die Menschen dadurch die Illusion von einem Hauch Landleben. Schon im 16. Jahrhundert hängten die Apotheker in den Hauptstraßen kleine Vogelbauer mit Singvögeln vor den Läden auf – ein Werbegag eigener Art.

Nachbildungen der Natur waren ersatzweise sehr beliebt. Steinreliefs mit Pflanzen- und Tiermotiven zieren noch heute Hausfassaden, Kirchenwände und Eingänge.

Vogel-Relief unter einem Bogen beim Theater Malibran

Schwieriger Transport über die Ponte de le Bande

# Gärten

Die wenigsten Einwohner Venedigs haben einen eigenen Garten. Nutzgärten gab es vor Jahrhunderten auf den Inseln Lido und Giudecca, heute kommt das Gemüse der Lagune von den Inseln San Erasmo und Le Vignole. Die wenigen Ziergärtchen in der Stadt mit ihren Brunnen, Figuren und den romantisch angelegten Beeten und Wegen sind meist in Privatbesitz und für Besucher selten geöffnet, wären sie doch allemal eine Augenweide und Orte der Erholung. Eine öffentlich zugängliche, moderne kleine Grünanlage beim Palazzo Querini Stampalia, entworfen vom Stararchitekten Carlo Scarpa, bietet ein Plätzchen beschaulicher Ruhe. Erlaubt oder unerlaubt entstanden auf verschiedenen Häusern Dachgärten aus Holz (Altane), die während der kalten Jahreszeit meist unbenutzt bleiben.

# Gärten

Mini-Gärtchen vor dem Fenster oder auf dem Balkon bereiten den Venezianern auch im Winter Freude. Bald schon werden sich dort sogar blühende Mimosen zeigen!

# Gärten

# Bäume

Bäume sind in Venedig eine Rarität. Wir wissen, dass die Stadt zum großen Teil auf Holzpfählen ruht und dass auch für die Markierungspfosten (Paline) in den Kanälen und in der Lagune Baumstämme verwendet wurden. An der Oberfläche im öffentlichen Altstadtbereich findet man jedoch nur wenige grüne, schattenspendende oder gar blühende Bäume. Die Bedingungen für ihr Wachstum sind grundsätzlich dürftig, der Untergrund spendet wenig salzfreies Wasser. Umso erfreulicher sind einige Ausnahmen: Ein paar Bäume beispielsweise auf den Campi S. Maria Nova, S. Agnese, S. Margherita, S. Giacomo dall'Orio, S. Polo und SS. Apostoli oder – in größerer Anzahl – in den Gärten Papadopoli und Publici.

Mit Sorgfalt ist ein einziges Bäumchen am kahlen Campo S. Giustina gepflanzt worden. Wann wird es einmal Schatten spenden?

# Lieder

Bis in die fünfziger Jahre des letzten Jahrhunderts waren die alten venezianischen Volkslieder fast vergessen. Zwei Jahrzehnte später fingen Musikliebhaber an, die alten Texte und Melodien wieder auszugraben und ihre Bedeutung zu erforschen. Viele dieser alten Lieder wurden im Rhythmus bei gemeinsamer Arbeit gesungen, beim Einrammen von Pfählen in die Lagune, beim Herausziehen der Netze oder beim Auffädeln der Perlen.

Es wird auch berichtet, dass sich Frauen und Männer singend zwischen Inseln und Booten verständigten, dass auf Plätzen zu Volksliedern getanzt wurde und dass das Essen in den Osterien mit Gesang begann. Sehr viele Volkslieder sind zu Ehren des Erlösers (Redentore) entstanden; am dritten Sonntag im Juli, dem großen Redentore-Festtag, kann man sie hören. Jedes Sestiere hatte auch eigene, spezielle Lieder, die nicht allen Venezianern bekannt waren.

# Straßenmusik

Venedig galt immer als Bühne, auf der etwas vorgespielt wurde. Auf der Piazza zeigten Akrobaten, Zauberer und Puppenspieler ihre Kunst, auch fahrende Schauspieler waren sehr beliebt. Musiker spielten ihre konzertanten Weisen vor dem malerischen Hintergrund der Kanäle und Paläste, Sänger mit kräftigen Stimmen verbreiteten fröhliche Stimmung von den Gondeln aus.

Heute ist das Musikangebot im Freien kärglich geworden. Der Akkordeonspieler am Campo Santa Maria Formosa, der Saxophonist am Rio dell'Osmarin, die Querflötenspielerin am Campo S. Stefano oder der Mann mit dem Kontrabass vor der kleinen Buchhandlung beim Theater Malibran erfreuen freilich auch jetzt die Bewohner und Gäste, ganz zu schweigen von den traditionellen Kaffeehausorchestern auf dem Markusplatz. Oftmals sind die Musikanten jedoch keine Venezianer mehr, sondern Amateurmusiker aus anderen Ländern.

# Teatro La Fenice

Nachdem im Jahre 1774 das damals größte Opernhaus der Stadt, das „Teatro San Benedetto" abgebrannt war, begann 1790 der Neubau des „Teatro La Fenice". La Fenice symbolisiert den Phönix, den mythologischen Vogel, der im Feuer verbrennt, um aus der Asche heraus wieder aufzuerstehen. Das Theater erlebte große Opern-Uraufführungen: Im 19. Jahrhundert Opern von Vincenzo Bellini, Gioacchino Rossini, Gaetano Donizetti und Giuseppe Verdi, im 20. Jahrhundert Werke von Sergej Prokofjew, Igor Strawinsky, Benjamin Britten und Luigi Nono. Verheerende Brände zerstörten den Theaterbau: Das Feuer im Jahre 1836 richtete beträchtliche Schäden an, sodass das Haus einige Zeit geschlossen werden musste. Der große Brand von 1996 erforderte eine Pause von sieben Jahren. Viele Benefizveranstaltungen trugen finanziell zum Wiederaufbau bei. Die Neueröffnung des originalgetreu restaurierten Opernhauses war im Jahr 2003. Der Phönix tauchte aus der Asche wieder auf.

Das Teatro La Fenice ist auch heute noch ein internationaler Opernschauplatz. Zudem gewinnt das in der Eurovision übertragene Neujahrskonzert an medialer Bedeutung. Insgesamt aber wirkt sich die Kürzung staatlicher Fördermittel für Kultur stark aus. Sponsoren können das Dilemma nicht allein bewältigen. So gibt es lange Monate, in denen die Theaterhäuser geschlossen sind. Die finanzielle Krise ist nicht zu übersehen.

Türgriffe am Eingang zur Locanda Vivaldi in der Riva degli Schiavoni

# Komponisten

Schnell denkt man an Vivaldi, wenn von Venedig und Musik die Rede ist. Aber schon früher, seit dem Ende der Renaissance, lieferte die Lagunenstadt Innovationen für die europäische Vokal- und Instrumentalmusik. Musikgeschichtlich war es eine „Musicanova", die von den Kapellmeistern Willaert oder Gabrieli im Bereich von Messen, Motetten und Madrigalen geschaffen wurde. Die Kunst der Mehrstimmigkeit entwickelten sie virtuos für Orchester und Chöre. Ab dem Ende des 16. Jahrhunderts wurde Musik immer mehr zur Sache des Volkes. Dienten Konzerte bisher ausschließlich der Unterhaltung des Adels, so wurden jetzt – erstmalig in Europa – Musikveranstaltungen auf öffentlichen Plätzen, in Spielsalons und in Konzertsälen dargeboten; dort zeigten  sog. „Virtuosi" ihr Können. Jeden Samstag spielte das Orchester des Dogen eine Stunde lang auf dem Markusplatz. Viele Musikschulen blühten auf, und Europäer aus allen Ländern erhielten hier ihre musikalische Ausbildung.

Der bekannteste venezianische Komponist war Antonio Vivaldi (1677-1741), wegen seiner Haarfarbe „roter Priester" genannt. Er hinterließ 446 Konzerte, allein 221 für Violine, 49 Opern und sein vielleicht berühmtestes Werk „Die vier Jahreszeiten". Auch als Pädagoge war er tätig; den Chor des Waisenhauses „Ospedale della Pietà" führte er zu größter Meisterschaft – man sprach von

# Musik

Das Musikangebot ist groß – Konzertsaal in der Calle del Lovo.

einem Engelschor. Vergessen und verarmt starb Vivaldi im Wiener Armenasyl. Seine Bedeutung wurde erst 200 Jahre später wiederentdeckt.

Geht man zurück zum Anfang der Operngeschichte, kommt man ebenfalls in Venedig an. 1613 wurde Claudio Monteverdi musikalischer Leiter in der Markuskirche, einige seiner Kompositionen gelten als erste Opern. Im 18. Jahrhundert gab es in Venedig nicht weniger als 20 Opernhäuser; neben Neapel war Venedig mittlerweile zur Hauptstadt der Oper aufgestiegen. Hier war Musik längst zu einem Anliegen und zu einem Vergnügen aller Einwohner geworden. Vielen Primadonnen wie Maria Malibran wurde begeistert applaudiert. Im Teatro San Giovanni Crisostomo, heute Teatro Malibran, wurde Händels heitere Oper „Agrippina" uraufgeführt.

# Festtag

Jährlich am 21. November begeht Venedig das Fest „Madonna della Salute" und erinnert damit an das Ende der Pest im Jahre 1630. Traditionsgemäß opfert jeder Venezianer an diesem Tag der Madonna eine Kerze als Dank. Eine nur für diesen Tag aufgebaute Brücke ermöglicht den direkten Zugang zur Kirche. Die langen, weißen Kerzen kann man am Fuß der Kirchenstufen erwerben. Das zuckerige Angebot an vielen Ständen versüßt schließlich den Pilgerweg.

# Marienverehrung

In der Malerei wie auch ganz allgemein in der volkstümlichen Kunst spielen religiöse Motive in Venedig zu allen Zeiten eine große Rolle. Geschätzt und begehrt waren Mariendarstellungen in Bildern und als Figuren. Bei der Schutzpatronin der Stadt suchten die Bürger über Jahrhunderte hinweg – wie bei einer guten Mutter – Schutz und Hilfe in allen Notlagen. So vertrauten sich 1505 auch Betreiber des Traghettos von San Tomà der Gottesmutter an und stifteten in der nahen Kirche einen Altar.

Besonders intensiv war die Marienverehrung im einfachen Volk. Vieles zeugt noch heute davon: Marienbilder in Nischen, kleine Altäre an Brücken, Straßenecken und Wänden, dekoriert mit Lämpchen, Kerzen und Blumen. Beispiele wunderbarer Mariendarstellungen finden sich in den Kirchen San Zaccaria, S. Maria Gloriosa dei Frari (Tizian – Himmelfahrt Mariens) und natürlich in den Museen (Galleria dell'Accademia). Viele noch bestehende Kirchen und einige Plätze sind der Madonna geweiht.

Von den vielen Marienlegenden seien hier folgende zwei erzählt: Die Gottesmutter erschien dem Bischof von Oderzo und befahl ihm, dort eine Kirche zu erbauen, wo er über seinem Haupt eine kleine weiße Wolke sehe. An diesem Ort entstand später die Kirche S. Maria Formosa.

Im 15. Jahrhundert sahen ein Eremit und einige Fischer mehrere Male die Madonna mit ihrem Kind über die Lagune schweben. Der Senat gab die Erlaubnis, dort nahe dem Ufer eine Kirche zu errichten; sie wurde S. Maria Mazor (Maggiore) genannt.

Schutzmantelmadonna aus dem 15. Jahrhundert in der Calle del Paradiso

# Marienverehrung

Schutzmantelmadonna, Campiello San Tomà

# Marienverehrung

Marienbild in einem privaten Innenhof

# Marienverehrung

Kleines Relief auf
dem Campo
S. Maria Formosa

# Marienverehrung

Maria in der Hoffnung, Campo S. Luca

Votivbilder im Schifffahrtsmuseum

# In Seenot

Das Arsenale war über Jahrhunderte die größte Schiffswerft Europas. Unzählige Kriegs- und Handelsschiffe wurden in einer Art Fließbandarbeit hergestellt. Die Venezianer waren dank ihrer Flotte in allen Teilen der damals bekannten Welt sowohl als Eroberer wie auch als Kaufleute führend. 1204 stellte die Lagunenstadt – natürlich gegen Bezahlung – die Schiffe bereit für den Kreuzzug der europäischen Ritterschaft. Mit Hilfe riesiger Segel nutzte man den Wind, im Bauch der Schiffe arbeiteten in oft unerträglicher Enge die Ruderer.  Zunächst leisteten junge Venezianer freiwillig die harte Arbeit, später Gefangene, die ihre Strafen als Galeerenruderer abbüßen mussten.

Das Meer ist gefährlich. Viele Schiffe gingen mit Besatzung und Ladung unter. Gläubige Seeleute riefen in Seenot die Gottesmutter zu Hilfe. Nach glücklicher Landung im Heimathafen dankte so mancher Segler für die wunderbare Rettung mit einem Votivbild, an das häufig ein Gelübde geknüpft war.

# Armut

Venedig war über Jahrhunderte eine wohlhabende und von der Regierung und Verwaltung bestens durchorganisierte Stadt. Aber wie überall gab es auch dort arme Menschen. Ihnen halfen neben den staatlichen Einrichtungen vor allem die zahlreichen Klöster und Pfarreien sowie die etwa 60 „Bruderschaften", das waren nach Berufsgruppen gegliederte Gilden mit vorwiegend sozialer Tätigkeit.

Auch wohlhabende Kaufleute konnten verarmen. Ihre Schiffe mit wertvollen Waren gingen bei Stürmen unter oder wurden von Piraten gekapert. Das Risiko der Seefahrt war doch sehr groß! Bürgern, denen solches Unglück zustieß, half die venezianische Regierung auf besondere Weise: Sie stellte den vom Unglück Betroffenen kleine Häuschen im Viertel San Trovaso zur Verfügung. Während der Zeit des Niedergangs Venedigs und der Fremdherrschaft im 19. Jahrhundert nahm die Zahl der Armen in der Stadt beängstigend zu. Um die Fürsorge der Bedürftigen kümmerte sich nun ein öffentliches Amt in Zusammenarbeit mit dem Patriarchen (Kardinal) und adeligen Familien.

„Brot für die Armen"
Die Opferstöcke in vielen Pfarreien sind an den Außenfassaden angebracht.

Engel-Fresco in einem Gästezimmer

# Engel

Im religiösen Leben der Venezianer haben auch die Engel ihren Platz. Ein paar Beispiele: Auf dem Fußboden in der Kirche Santa Maria di Nazareth (Chiesa degli Scalzi – Kirche der Barfüßigen) neben dem Bahnhof zieren den Fußboden einige Puttenengel. In Cannaregio schmückt ein Engel aus hellem Mauerwerk eine Hausfassade. Auf dem winterlichen Flohmarkt auf dem Campo di S. Agnese sitzen putzige Engelchen auf einem Verkaufstisch und erheitern den Betrachter. Engel erfreuen uns auch auf Decken- und Wandgemälden, so im Caffè Florian und in Gästezimmern des Waldensischen Kulturzentrums. Musizierende Engel in Kirchen und Palästen sind als dekorative Elemente nicht wegzudenken. Viele bedürfen der Fürsorge erfahrener Restauratoren.

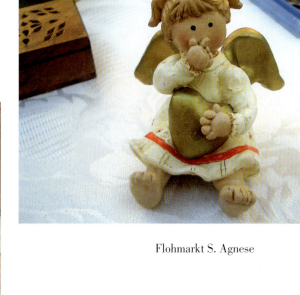

Flohmarkt S. Agnese

Fußbodenmosaik Scalzi-Kirche

# Weihnachten

Ganz allgemein betrachtet wird das Weihnachtsfest im Vergleich zu den kalten und schneereichen nördlichen Ländern in Italien und entsprechend in Venedig ein wenig anders gefeiert. Schon die Vorweihnachtszeit scheint weniger romantisch zu sein. Etwas dürftig, aber aus kommerziellen Gründen zunehmend, werden Straßen, Geschäfte und Märkte in Weihnachtsschmuck gehüllt. Nach dem 8. Dezember (Marienfeiertag) sieht man da und dort Weihnachtskrippen in den Fenstern sowie Christbäume und Engel aus Glas in allen Variationen. Weihnachtsmusik fällt im Alltagsleben kaum auf. Eine besonders spaßige Rolle spielt heute der „Babbo Natale" (Weihnachtsmann), der keinerlei venezianische Geschichte aufweist. Überraschenderweise entdeckt man in der Strada Nova an der Kirche S. Felice einen Verkaufsstand mit echten, grünen Tannenbäumen. Das eigentliche Weihnachtsfest wird traditionell in der Familie gefeiert, natürlich gehören ein aufwändiges Festessen und vielerlei süßes Gebäck dazu. Der Tag des Beschenkens bleibt nach altem Brauch der Dreikönigstag am 6. Januar; die gute Hexe Befana verteilt Päckchen an die Kinder.

Weihnachtstorte aus dem Caffè Didovich

# Weihnachten

Festlich beleuchtet – das Hotel Metropole

# Weihnachten

Der Weihnachtsbaum in moderner, venezianischer Glaskunst

# Karneval

Karneval in Venedig – wie viele Besucher aus aller Welt werden jährlich von diesem Schauspiel angezogen! Die Vorstellung von Schönheit, Eleganz und rauschenden Ballnächten wirkt geradezu magnetisch. Der Karneval in Venedig hat seine lange Geschichte. Seit Ende des 11. Jahrhunderts wurde er fast 700 Jahre lang gefeiert, am intensivsten im 18. Jahrhundert. Auf dem Markusplatz, aber auch auf vielen anderen Plätzen und auf goldenen Barken sorgten Musikkapellen, kleine Orchester, Puppenspieler und andere Straßenkünstler, Wahrsager, Akrobaten und Sänger für Unterhaltung. Im Jahre 1797 gab es den vorläufig letzten, besonders prächtigen Karneval. Napoleon verbot nach der Besetzung der Stadt jegliches Narrentreiben, ihm missfielen die ausschweifenden und frivolen Feste. Diese Regelung blieb danach auch während der österreichischen Herrschaft erhalten, doch die wohlhabenden Venezianer wussten, wie sie weiterhin in ihren privaten Palästen feiern konnten. Erst im Jahre 1979 gelang es, die Tradition des Karnevals – wenn auch in schauspielerischer Art und Weise – wieder aufzufrischen. Heute ist das Fest weitgehend kommerzialisiert und eine Touristenattraktion. Ob noch ein Venezianer daran teilnimmt, ist fraglich!

Auch unabhängig von der Karnevalszeit trugen die Venezianer Masken und Kostüme, oft monatelang. Man wollte in seiner wahren Identität nicht erkannt werden, die Maske ermöglichte sich und den anderen ein geheimnisvolles Doppelleben. Grundausstattung war die „Bauta", eine weiße Halbmaske, unter der man auch essen konnte und die zu einem schwarzen Umhang getragen wurde. Im Übrigen waren der Fantasie keine Grenzen gesetzt. Reiche und Arme liefen vermummt durch die Stadt, wie ein Rausch war die Freude an Verkleidung und Rollentausch. Lediglich den Geldverleihern war die Teilnahme an diesem Vergnügen untersagt.

# Karneval

# Karneval

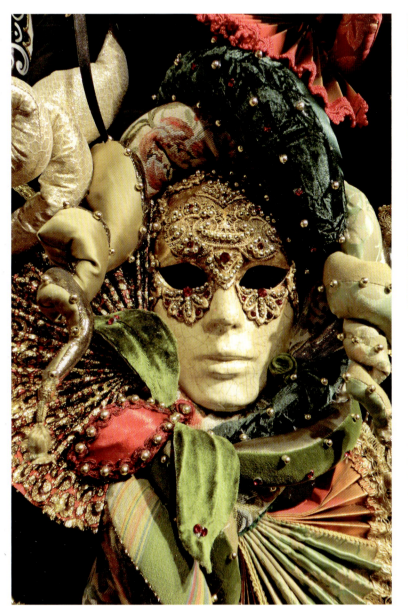

Auch heute gibt es noch einige echte Maskenmacher und Kostümschneider, die Karnevalsfreunde nach historischen Vorlagen ausstatten können. Bei Signora Flavia findet jeder etwas – zu seiner eigenen Verkleidungsfreude.

Gedenkfeier am Campo SS. Giovanni e Paolo

# Lepanto

Eine Gedenktafel am Campo S. Maria Formosa erinnert an Sebastiano Venier, den „Sieger von Lepanto". Die Osmanen hatten im Jahre 1571 die Insel Zypern, die sich in venezianischem Besitz befand, erobert. Organisiert von Papst Pius V. entschlossen sich die christlichen Mittelmeermächte, die Heilige Liga, zum Gegenschlag. Befehlshaber waren der Spanier Don Juan de Austria und der Venezianer Sebastiano Venier. Vor dem Eingang zum Golf non Patras kam es am 7. Oktober 1571 zur Schlacht, die mit einem knappen Sieg der Heiligen Liga endete. Die Verluste auf beiden Seiten waren sehr hoch.

Venier, der venezianische Admiral, wurde in seiner Heimatstadt als Sieger gefeiert. Noch im Alter von 81 Jahre wurde er einstimmig zum Dogen gewählt. Zur Erinnerung an den so wichtigen Sieg in der Schlacht von Lepanto findet am Jahrestag auf dem Campo Santi Giovanni e Paolo eine Parade in historischen Uniformen statt.

Gedenktafel am Geburtshaus des siegreichen Feldherren

# 81

# Fremdherrschaft

In 1100 Jahren wurden in Venedig 120 Dogen gewählt. Während dieser langen Zeit blieb die Stadt eine selbstständige, freie Republik. 1796 jedoch besetzte Napoleon die Stadt, am 12. Mai 1797 trat der letzte Doge Ludovico Manin zurück. Fremde Mächte, zuerst die Franzosen, danach über 50 Jahre lang die Österreicher, veränderten das Stadtbild sehr. So wurde 1846 eine drei Kilometer lange Eisenbahnbrücke eröffnet – der Tourismus im großen Stil konnte beginnen.

An einen Aufstand der Venezianer gegen Fremdherrschaft erinnert eine kaum noch lesbare Wandanschrift neben dem Caffè Florian: „Viva San Marco – Viva la Repubblica". Die Kanonenkugel in der Außenwand der Kirche San Salvador stammt aus einem österreichischen Geschütz. Auch Firmenschilder weisen noch heute hin auf die Besatzungszeit der Habsburger; die angesehene königlich-kaiserliche Hutfabrik Habig fasste in der Lagunenstadt ebenso Fuß wie eine große Tabakfabrik, die Zigarren in vielen Variationen herstellte.

Kaiserin Elisabeth hielt sich längere Zeit in der Lagunenstadt auf. 2011 wurde die Renovierung der von ihr bewohnten Räume abgeschlossen, im Palazzo Reale sind die Zimmer zu besichtigen. In der Trattoria Antica Carbonera ist ein Teil der Inneneinrichtung, vorwiegend Tische und Holzverkleidung, aus der österreichischen kaiserlichen Yacht „Miramar" zu sehen.

In den beiden Weltkriegen blieb Venedig weitgehend verschont. Einzelne Bombenabwürfe aber gab es doch. An der Rückseite der Kirche S. Maria Formosa findet man eine Inschrift, die an einen Bombenschaden erinnert, ausgelöst von den Österreichern am 9. August 1916.

# Fremdherrschaft

„Es lebe die Republik!" Parole gegen die Besetzung

Österreichische Kanonenkugel

# Fremdherrschaft

Yacht der Kaiserin Elisabeth

Möblierung aus der Yacht Miramar, heute in der Trattoria Antica Carbonera

# Verwendete Literatur

Ackroyd, Peter: Venedig. Die Biographie. Englische Originalausgabe London 2009. Übersetzung ins Deutsche von Michael Müller, München 2011.

Bramigk, Nicola u. a.: Smart Travelling. Ein perfektes Wochenende in… Venedig, München 2008. Zitiert auf Seite 109.

Der National Geographic Traveler: Venedig. Dt. Ausgabe, Hamburg 2002.

Giordani, Paolo: Venedig. Eine Entdeckungsreise in dreißig Spaziergängen, Venezia 2007.

Heidenreich, Elke: Die schöne Stille – Venedig, Stadt der Musik, 2. Auflage, Hamburg 2011.

Huse, Norbert: Vendig. Von der Kunst, eine Stadt im Wasser zu bauen, München 2005.

Jonglez, Thomas und Zoffoli, Paola: Verborgenes Venedig, Versailles 2011.

Leon, Donna: Kurioses aus Venedig, Zürich 2011.

Machatschek, Michael: Venedig und die Lagune (Führer), Erlangen 2012.

Molmenti, Pompeo G.: Die Venetianer. Deutsche Übersetzung von M. Bernardi, Hamburg 1886.

Ortheil, Hanns-Josef: Venedig. Eine Verführung, München/Wien 2004.

Ruskin, John und Effie: Briefe aus Venedig. Dt. Übersetzung von Catharina Barents, Stuttgart 1995.

Schümer, Dirk: Leben in Venedig, Berlin 2004.

Semrau, Eugen: Österreichs Spuren in Venedig. Wien/Graz/Klagenfurt 2010.

Sterntahl, Barbara: Auf nach Venedig, Wien/Bozen 2012.

Weiss, Walter M.: Merian Reiseführer. Venedig, München 2010.

Wess, Susanne: Venedig. Eine Stadt in Biographien, München 2012.

Zorzi, Alvise: Venedig. Die Geschiche der Löwenrepublik. Deutsche Übersetzung von Sylvia Höfer, 2. Auflage, Hildesheim 1992.